熟年からの性

――若返りの秘訣おしえます

精神科医
和田秀樹 著

Art Days

はじめに

２０６０年には、日本国民の約2.5人に１人が65歳以上の高齢者になると予測されています。そんな「超高齢社会」の時代を迎えて、個人の身体能力や脳機能がますます多様化していくので、今後の社会では「健康格差」が大きな問題になるでしょう。

「熟年からの性」ということを日本の文脈で考えると、性に対する意識を大きく変えていく必要があると思います。

例えば、近年の海外の研究では、「セックスをしている高齢者は死亡リスクが相対的に低く、長生きしやすい」と報告しているものが多数あります。

つまり健康で長生きするためにも、**高齢者ほどセックスはしたほうがよい**という考え方です。

ところが、日本はこんなに高齢化が進んでいても、性的なものに関していえば、抑圧・抑制がきびしくて、いまだに古い意識から脱却できていません。

とりわけ高齢者の性はタブーのように扱われがちです。

そのことがヨボヨボ老人の多い国・日本の原因のひとつになっている、といっても過言ではないと思います。

日本は欧米などとは、性の意識があまりにも違いすぎます。

日本のばあい、性的なことに関心のある高齢男性に対して、「エロじじい」とか「スケベじじい」などといって、さげすむ風潮があります。

高齢者の性は「最期まで人間らしく生きる」という意味でも、とても大切なことです。

人は高齢になればなるほど、「性ホルモン」は若々しさや元気を保つ秘訣になります。

男が男でいたい、女が女でいたいという願望を吐き出したり、仲間内で社会通念上のルールやマナーを無視して本音をぶっつけあったりすることは、メンタルヘルスにとって大事なことのように思えます。

なぜなら、性的な体験が、老化予防や若返りのために非常に大切なことは医学的にも証明されているからです。

その意味でも、高齢者がいつまでも性に対する意識をもち続けることが、元気にしてくれて老化予防にもなる、と私は思っています。

私がこの本であえて主張したいことは、**熟年以降は男性も女性も性的なものに対して寛容であってほしい**ということです。

というのは、それが老化の予防や元気であるために大きく影響するからです。

性に関する話は、とかく男性中心のものと受け止められがちですが、性に対する興味・関心は女性も同等のものがあると、私は思っています。

本書を読まれた方が、性的なものに対する意識改革をして（寛容になって）、今まで以上に元気でハツラツとした日々を送っていただけたら、著者としてこれほど嬉しいことはありません。

熟年からの性 ——若返りの秘訣おしえます　目次

はじめに　1

第1章　もともと日本人は「性」に大らかだった　17
日本人は、セックスはエネルギーを与えてくれるものと考えていた？　18
万葉歌人も詠んでいた超エロチックな歌　19
日本人にとってセックスは「エネルギッシュなもの」　21
ヨーロッパから始まった浮世絵春画展　22
なぜ日本人は性に不寛容になったのか？　24
昭和10年以降に軍部が台頭し性的なものに対する検閲が盛んになった　25

第2章　欧米に比べて日本は性の後進国　27
欧米が性的なことに対してゆるくなったのはフロイト、ライヒ、ユングらの研究が発端か？　28
世界に先駆けてポルノを解禁したスウェーデンとデンマークの国策　30
日本の学校における性教育は世界的に見て遅れている　32

スウェーデンの高齢者施設の売店では性具や潤滑剤などが販売されている　34
欧米の人々の性の意識を変えさせた『ハイト・レポート』の衝撃！　36
世界の意識は進んでいる　日本人の性に対する不寛容はもはや時代遅れ　40
女性も性に対してアクティブに！　41
老化を遅らせるには老化そのものから遠ざかるような生き方をするとよい　43
日本は警察が高齢者の敵か？　45
高齢者の心を動かすもので日本は確実に活性化する　48
高齢者をヨボヨボにしていいのか　これは国にとって非常に重要な問題　50

第3章　性ホルモンの大切なはたらき

53
性欲や活力を支える男性ホルモン　不足すると生命力が落ちる　54
男性にも更年期がある　男性更年期障害と男性ホルモンの関係　55
男性ホルモンが不足すると生命力が落ちて「うつ」状態になる　57
男性ホルモンを補充すれば若返る　脳の老化も筋肉の老化も遅れる　58
前頭葉は意欲を司る器官　ヨボヨボにならないために前頭葉を鍛えよう　60
前頭葉を鍛えるには夢中で何かを好きになることも効果的　62
言いたいことをはっきり言いましょう　やりたいことを躊躇せずにやりましょう　64

日本人に若年性アルツハイマー型認知症が多いのは男性ホルモンが少ないためか　66
「男性ホルモンが多い人のほうが人にやさしい」という研究結果　68
「老いたら自分の欲求に従って自由に生きるべき」――これが私の主張です　69

第4章　ホルモン補充療法のすすめ　71

ホルモンを補充すれば男性も女性も元気になって若返る！　72
欧米では男性も女性も3割から5割の人がホルモンを補充している　74
高齢の男性こそホルモンを補充することをおすすめしたい　75
男性ホルモンを補充して偉業を達成した三浦雄一郎さん　77
若返りのためには「まむしドリンク」より男性ホルモン補充　80
うつ病になると性欲が落ちるがホルモンを補充すると改善することがある　82
老人性うつ病があまり問題視されないのは「気づかれにくい」ことが一因か　83
男性ホルモン（テストステロン）治療の効果
―クロード・ショーシャ博士の研究より　85
ご存じですか？　禿げている人が「性力が強い」といわれる理由　88
副作用をブロックするフィナステリド（プロペシア）が禿の治療薬　90
日本でホルモン補充療法が普及しない理由は

「周知されていないこと」と「医者の不勉強」　92

第5章　女性ホルモンを補充して更年期障害を解消！　95

更年期はホルモンバランスがくずれ自律神経の調子が悪くなる　96
男性たち、奥さんにまとわりつく「濡れ落ち葉族」にはならないで！　98
古い価値観にとらわれず高齢者が元気になるのを喜ぶべき　100
女性ホルモンのエストロゲンとプロゲステロンのはたらき　101
エストロゲンの分泌が減ると女性の体にさまざまな症状が起きる　103
女性の性交痛の改善にはホルモン補充療法も有効　104
ホルモン補充療法には主にエストロゲンを使用　106
日本で女性ホルモン補充療法が普及しない三つの理由　108
女性の「人生最高のセックス」は50～60代という調査結果　110
熟女はセックスも人間的魅力も最高！　いっぽう男性は……　112
女の性欲は「死ぬまで」って本当？　でも、恥ずかしいことではない　114
年齢を重ねても積極的で意欲的な女性は魅力的　115

第6章　マスターベーションは心にも体にもいいんです　119

13世紀の物語にもあったマスターベーションの話　120
オナニーを「仏の教え」とうそぶいた江戸の国学者　122
オナニーをタブー視するようになったのはキリスト教文化の価値観を取り入れたから　123
「オナニー」の語源は『旧約聖書』の物語に由来する俗に「オナンの罪」といわれているお話　125
カトリック教会ではマスターベーションは今も罪とされている　126
性教育のひとつとしてマスターベーションを推奨している国もある　128
マスターベーションは心身にとって「いいことだらけ」　129
マスターベーションはＥＤ（勃起不全）の予防につながる　131
マスターベーションにはリラックス効果がある　132
マスターベーションは生きることの喜びや安心感につながる　134
オーストラリアでは保健局がマスターベーションを推奨している　135
貝原益軒の有名な言葉「接して漏らさず」の誤解　136
熟年こそ積極的にオナニーを！　すればするほど健康になる　138
今やマスターベーションは「やってはいけない」から「やらなきゃいけない」に　139

第7章　ＥＤ治療薬と正しい服用の仕方　141

ＥＤになる原因はさまざま　別の病気が隠れていることも　142
代表的なＥＤ治療薬はバイアグラ、レビトラ、シアリスの３種類　144
ＥＤ治療薬として開発された「ＰＤＥ５阻害薬」という画期的な薬　148
ＰＤＥ５阻害薬の処方には医師の診察が必要
性機能専門医のいる医療機関で受診を　150
ＥＤ治療薬を使うのなら男性ホルモン補充療法を併用するとよい　152
ＥＤ治療薬にも副作用はある　一時的なものなので心配しないでよい　153

第8章　熟年からこそセックスライフを楽しもう　155

平均寿命や健康寿命の延びとともに「セックス寿命」も延びている　156
男性は性行為への関心が高く
女性はスキンシップや精神的な愛情を求める傾向がある　157
スキンシップが不足！　「スキンハンガーの慢性化」が起きている　159
ＮＨＫの【クローズアップ現代＋】で取り上げた
「高齢者だってセックス『言えない』性の悩み」　162
健康で長生きするためにも高齢者ほどセックスしたほうが良い　164
セックスは心と体の健康にいい　研究で明らかになったセックスと健康の関係　166

「年をとったら枯れるのが美しい」なんていうのは大ウソ　167
セックスには幸福感や充実感を与える作用がある　169
65歳以上のイギリス人の約半数が「セックスが不足している」と感じている　170
セックスは認知症予防になる？　172
コベントリー大学とオックスフォード大学の研究
高齢者のセックスが認知機能の向上に関係する！
アメリカの二つの大学の研究

第9章　精力アップの食べ物と運動　175

肉をもっと食べよう　肉は健康な体づくりには欠かせない　176
たんぱく質をしっかりとって　幸せホルモン（セロトニン）の分泌を増やそう　178
日本の医学の根本的な欠陥はコレストロールを悪玉視していること　180
高齢者のダイエットなどはもってのほか　痩せすぎは体に悪い　183
「牡蠣やニンニクは精がつく」は事実！　185
亜鉛を多く含む食べ物を積極的に食べよう　187
女性におすすめしたいレバーやナッツ類　鉄分とビタミンが多く含まれている　188
我慢しないで好きなものを食べよう　そのほうが免疫力が高まる　190
高齢者は「食べすぎ」より「食べなさすぎ」に注意！

高齢になったら「引き算医療」をやめて「足し算医療にしよう」
――これが私の提案です　192
食事に気を付けながら適度に運動することも大切　いちばんのおすすめは「散歩」　194
テストステロンを増やす運動は「スクワット」や「腕立て伏せ」がいい　196
第10章　なぜ日本は「セックスレス大国」か？　199
日本人が1年間にするセックスの回数は世界最下位　1位はギリシャ　200
セックスの回数が多ければ良いのかというとそうとは言いきれない　202
日本の女性は義務感からセックスする人が多い？　203
健康であれば60代でも70代でもセックスを楽しむことができる　205
セックスレスの原因はさまざま　「面倒くさい」が多い調査結果　206
日本人の未婚率は上昇の一途をたどり大きな社会問題となっている　210
今や日本人も3組に1組が離婚する時代　離婚原因のトップは「性格の不一致」　212
熟年ももう我慢しない！　「熟年離婚」が増えてきた　213
【Q&A】　216

おわりに 225
【参考文献】 229

熟年からの性

——若返りの秘訣おしえます

第1章　もともと日本人は「性」に大らかだった

日本人は、セックスはエネルギーを与えてくれるものと考えていた？

日本の各地には、男女それぞれの性器のかたちを彫った石造物が、道祖神みたいに道端や村境などに祀ってあったりしますね。

どんなものなのか、興味のある方はネットで「性神」とか「生殖器信仰」といったキーワードで探すと、多種多様なものを見ることができます。

中には「双体道祖神」といって、男女が性交しているものや、男神が女神のおっぱいをもんでいるものなど、じつにユニークな性神様もいらっしゃいます。

ちなみに、性器を神として祀る信仰を「性器信仰」または「生殖器信仰」といい、性器は「性神」といいます。

日本人が、男女の性器のかたちを彫った石造物（性神）を道端や村境などに祀るようになったのはなぜか？

日本は農業国だったので、セックスは繁栄の証であり、五穀豊穣の祈りに通じるものとして、生命力あふれる「おめでたい」ものという考えがあったからではないでしょうか。

現に、男性器や女性器を祀った祠（ほこら）や神社などが各地にあり、お祭りのときは神事として「おかめ」と「天狗の面」をかぶった男女（実際はふたりとも男）が神前で、しかも参拝客がたくさん見ている前で、セックスの演技を行う儀式がいまだに続いているところもあります。

でも、これを当局が取り締まったという話は聞いていません。

万葉歌人も詠んでいた超エロチックな歌

また、日本神話や奈良時代の『万葉集』などにしても、エロチックなものが少なくないですね。例えば、『万葉集』のなかの山上憶良の歌に、次のようなものがあります。

「天の川相向き立ちて我が恋ひ君来ますなり紐解き設けな」

（私訳：天の川を挟んで向き合って立ち、恋しいあの人が来るのを下着の紐を解いて待っていましょう）

一年に一度、七夕の日だけ会うことができる恋しい彦星と、一刻も早くセックスをしたいと思っている織姫が、下着の紐を解いて待っているという意味です。かなりエロチックな歌ですよね。

もうひとつ、こちらは柿本人麻呂の歌集（巻十二相聞）にある作者不詳の歌です。

「人の見る上は結びて人の見ぬ下紐開けて恋ふる日ぞ多き」

（私訳：人の目につく着物の上の紐は結んでおいて、人の目につかない下の紐はほどいて、あなたを恋い慕う日が多いのですよ）

「着物の下の紐をほどいて……」ということは「セックスをしたい」という意味でしょう。こちらもかなりエロチックな歌ですね。探せばほかにもたくさんあります。

ですから、日本人はもともと性に対して大らかだったのです。

日本人にとってセックスは「エネルギッシュなもの」

また、浮世絵の春画であれ、谷崎潤一郎や川端康成みたいな文豪たちの、老年の性を扱った小説であれ、他人の性行為を描写したものがけっこうたくさんありますが、日本人はそういうものを見て、何か元気をもらえるところがあったのではないでしょうか。

つまり、日本人はセックスというものが〝エネルギーを与えてくれるもの〟と考えていたのではないか。

「セックスはエネルギッシュなものという位置づけだった」、と私は思っています。

ですから、男性器なるものは「たくましさ」の象徴みたいなものであったし、女性器は「母なるもの」の象徴みたいな感じだったのでしょう。

ヨーロッパから始まった浮世絵春画展

「日本人は、昔は性に対して大らかだった」といいましたが、「大らか」というより、「当たり前のこと」として認識していたのかもしれません。

江戸時代、いやもっと古い時代から、庶民は明らかに性に奔放だったと思えるのは、性的なお祭りや浮世絵春画などを見てもわかります。

江戸時代の銭湯などは男女混浴でしたから、風紀がどうのという意識はまったくなかったようで、春画には銭湯で何組もの男女がセックスをしているところを描いているものさえあります。

春画は「枕絵」と呼ばれ、結婚する娘に性教育の教科書として使われていました。

また、戦国時代には「春画を持って出陣すると勝つ」という俗信も生まれ、武士たちは鎧櫃《よろいひつ》に春画を忍ばせて戦場に出たとも言われています。そういうことから、春画は「勝ち絵」と呼ばれたりもしました。

ほかにも、春画には「火除け」や「厄除け」などありがたいご利益があると信じられていました。

そして、浮世絵春画は、19世紀にゴッホや印象派の画家たちに影響を与えることになりました。そんな歴史があり、現代になって、日本より先にヨーロッパで春画展が開かれるようになりました。

ピカソも春画に影響を受けたといわれ、２００９年にはバルセロナのピカソ美術館でピカソと春画の関係性にフォーカスした特別展が開催されたこともありました。

ヨーロッパ各地で開かれた春画展の中でも、特に２０１３年の大英博物館の「大春画展」は評判を呼び、９万人の来場者がありました。そして、なんと、そのうち６割が女性だったのです。

大英博での成功を受け、日本でも浮世絵春画展が企画されたのですが、20カ所以上の美術館に断られ、最後に細川護熙元首相の永青文庫が引き受けてくれて、やっと実現したのでした。

数ある日本の美術館のなかでも、「うちでやりましょう」と手をあげてくれるところがなかったのですね。

警察に対して睨みが利く元首相くらいしか春画展はできないんだ、と噂されました。

春画は日本で生まれたものなのに、なぜそんなことになったのでしょうか。

なぜ日本人は性に不寛容になったのか?

キリスト教文化の国では19世紀くらいまでは性的なものに対する抑圧はきびしいものでした。

日本は明治以降、近代化のために、欧米の文化にならって、その性的にきびしいキリスト教文化を取り入れてしまったために、このような状況（性的なものに対する不寛容な状況）になったと考えられます。

例えば、結婚前の処女性にこだわるのもキリスト教の考えですし、キリスト教の中でもカトリックは、セックスは子供を生むためのものであるとして、少なくとも快楽のための性を否定しています。

そのため、いまだにアメリカの宗教原理主義者たちは堕胎も禁止していますし、避妊もカトリックでは基本的にやってはいけないことになっています。

それまで日本人にとっては「当たり前」だったことが〝劣情〟とみなされるようになったのは、近代化のためにヨーロッパ文化を取り入れ、「性」に対するキリスト教の考え方が影響したと考えられます。

昭和10年以降に軍部が台頭し性的なものに対する検閲が盛んになった

さらに昭和になって軍部が台頭してきて、性に対する厳しい検閲が始まり、戦時下になると、「欲しがりません、勝つまでは」とか「ぜいたくは敵だ」などといって、国民に我慢を強制するようになりました。

文学などの性的描写ばかりか、ただ性を連想させるものにさえ検閲がどんどん厳しくなってきたのです。

考えると、キリスト教文化が流入したことに加え、昭和になってからの軍国主義的精神が、日本人の性に対する不寛容な考え方に影響しているのではないかと思います。

第2章　欧米に比べて日本は性の後進国

欧米が性的なことに対してゆるくなったのはフロイト、ライヒ、ユングらの研究が発端か？

キリスト教の影響で性的なことに対する抑圧が強かった欧米が、ゆるやかになったのはいつ頃からでしょうか。

ひとつには、ジークムント・フロイト（１８５６〜１９３６）の弟子のウィルヘルム・ライヒ（１８９７〜１９５７）が、性の解放を主張したあたりが考えられます。

そもそもフロイト自身も、「性欲を抑圧しているから自分は神経症だ」などといっていましたし、ライヒがそれをさらに一歩進めて、「性的なものを解放することが人間の解放なんだ」と、１９３０年代に主張をしていました。

けれども、現実にライヒの主張が多く受け入れられたのは、70年前後のヒッピー文化の頃でした。ライヒの主張はヒッピーの教科書として使われました。

それと、フロイトという人は非常に抑圧の強い人だったので、ひょっとしたら奥さんしか女性を知らないのではないかという説があります。

その点、弟子のカール・グスタフ・ユング（１８７５〜１９６１）という人は、いい加減というか奔放な人でした。

フロイトのお気に入りの患者さんとセックスしたり、自分の患者さんとセックスしたり、奥さんと愛人をいっしょに住まわせて３人でベッドに寝たりと、めちゃくちゃなことをしています。

ユングはそういう人だったので、「性的なことの抑圧が心の病の原因だ」と主張するフロイトと比べて、性的にはまったく抑圧されていなかった人でした（笑）。

それに対して、性的に抑圧されていたフロイトは、いわゆる性的なエネルギーが人間に果たす役割とか、人間の本能に影響をどのくらい与えるのかとか、心の病にどう影響するのかといったことを、突き詰めて研究したわけです。

そういうことからフロイトは、いわゆる「性の科学」と呼ばれる研究分野での第一号になりました。

もうひとつ、フロイトの大発明といわれるのが「無意識」というものでした。

フロイトの言う「無意識」とは、自分で自覚することのできない抑圧された心の深層のことを指しています。

フロイトは、「無意識」は過去の経験や体験によって作り出されるものであるとし、人間は常に自分の行動を自分でコントロールしているのではなく、欲求や願望が無意識に自分の行動をコントロールしていると考えたわけです。

要するに、「人間というのは、意識していない心の世界に動かされる生き物なのだ」という概念です。

結局、フロイトの性についての理論を突き詰めたのがライヒで、その無意識理論をさらに発展させたのがユングでした。

世界に先駆けてポルノを解禁したスウェーデンとデンマークの国策

先ほど、70年前後のヒッピー文化の頃に、ライヒの主張が多く受け入れられたと言いましたが、欧米では、60年代後半から70年代にかけて、いわゆる性的なるものに対するタブー視が急にゆるみました。

どうしてか？

これについては、いろんな説がありますが、現在の日本と同じように国民の高齢化に頭を悩ませていたスウェーデンとデンマークは、１９６７年に世界で初めてポルノを解禁し、ポルノ映画の上映を合法化しました。

つまり、人さまのセックスとか性器を写した映像が許されるようになったわけです。

その時代に、国が高齢者に活力を与えて元気にするために、性的なものを解放すべきと考えていたということは、今の日本人からすれば、大変な驚きです。

そのころのスウェーデンとデンマークの高齢者率は13％（当時の日本はまだ６％）で、世界でいちばん高齢者の多い国でした。

そういう事情もあって解禁したのかわかりませんが、いずれにせよ、性的なもので高齢者が元気になるということを経験的に知っていたのでしょう。

だから世界に先駆けてポルノを解禁したわけです。

ポルノの解禁に非常に意味があるのは、売春を公認するのとちがって害が少ないし、そのうえもっといいことに男性ホルモンが増えるからです。

男性ホルモンについては、後ほど詳しくお話しします。

日本の学校における性教育は世界的に見て遅れている

スウェーデンとデンマークほどゆるやかではありませんが、アメリカやヨーロッパのキリスト教文化の国々でさえ、無修正ポルノが解禁され、映画でも写真でもぼかしのないものを観たり買ったりすることができます。

ただし、写真などは見たい人がポルノショップなどへ行って買うものとしていて、子供の目に触れるところには置いていません。

その点、デンマークは進んでいて、１９６７年に世界で初めてポルノを解禁した3年後から、学校での性教育が義務教育課程に導入されました。

また、スウェーデンでは同性愛、小児性愛なども含むポルノが合法化され、児童ポルノの所持、頒布、陳列が合法となりました（これは現在では非合法ですが）。

こうした〝性の先進国〟に比べて、日本の性教育は、世界的にみて遅れていると言われています。

その理由は何でしょうか？

要因のひとつとして、いわゆる「はどめ規定」と呼ばれるものがあるからだと考えられます。

「はどめ規定」とは何かというと、日本では、体の器官、月経、性感染症、性暴力などについては学校で教えられているのですが、学習指導要領のなかに「性行為は取り扱わないこと」という趣旨の文言があるのです。

これが「はどめ規定」と呼ばれるものです。

要するに、「子供に性的好奇心を喚起させるような情報をわざわざ与えるべきではない」「寝た子を起こすな」という、一部の人の意見がいまだにまかり通っていて、性教育を否定しているからなのです。

スウェーデンの高齢者施設の売店では性具や潤滑剤などが販売されている

「性の先進国」と呼ばれているスウェーデンでは、他にも非常にユニークな政策を行っていて、国民の幸福度も高く、寝たきりの老人もほぼいないと言われています。

ユニークな政策といえば、スウェーデン南部ブロビー村の高齢者施設リンドガルデンの例をあげることができます。

そこでは、「健康的な性生活を送ってもらうためのプログラム」なるものを導入しているのです。

高齢者施設に「性生活を送ってもらうためのプログラムを導入」なんて、ちょっと驚きですが、「さすが」と思わされますね。

この施設には65歳以上の入居者が50人くらいいるのですが、入居後は直ちにカウンセラーとの間で性的関係や性欲について、ざっくばらんな意見交換が行われています。

また、施設の職員は全員が性科学の専門家から研修を受けた人たちばかりなので、入居者は悩みや困り事があったときは、職員に相談して専門的な対応を受けることもできます。なんといっても驚かされるのは、施設の売店では入居者用に性具や潤滑剤なども販売していることです。

入居者たちは、そこで必要なものを自由に買い求めることができ、買い物をした籠には、ドアノブに下げる「邪魔しないで」と書かれたプレートも入っているとか。

日本の高齢者施設でも、入居者の「性にまつわるトラブル」が問題になっていますが、施設側でも対策の一環として、性に対する新しい取り組みをはじめているところもあるようです。

例えば、スウェーデンのリンドガルデン施設に似た取り組みをしていて、売店で性のセルフケアグッズを販売したり、入居者が集まるロビーにも商品を置いて、希望者が気軽に手に取れるようにしている施設があります。

施設の運営に関わる人がスウェーデンやデンマークなどを視察して、「なるほど、いい考えだ」と思って導入したのかもしれません。

ただ、そういう施設はまだほんのひと握りしかありません。もっともっと広がっていくといいですね。

欧米の人々の性の意識を変えさせた『ハイト・レポート』の衝撃！

「性的なことは恥ずかしいことではない」、という意味づけを理論的にしたのが、1976年にアメリカで出版されたシェア・ハイト博士（1943年〜）の『ハイト・レポート』だと考えられます。

ハイト博士は面接調査を行い、1974年に男性の性行動を、1976年に女性の性意識と性行動についてまとめて報告。

これが『ハイト・レポート』といわれるもので、全米をはじめ、世界21カ国語に翻訳され、ビリオンセラーとなりました。

あらゆる世代の女性の生の声をのせた本は、世界じゅうの女性たちに驚きと感嘆をもって読まれました。

著者のシェア・ハイトさんが女性だったから、女性ならではの質問をすることによって、女性の本音について触れることができ、それがたまたま時機を得たというか、ある種のうねりがあったときに、それを理論的に支えたこともありました。

『ハイト・レポート』より40年くらい前に出たアルフレッド・キンゼー博士の『キンゼー・レポート』は、調査方法などについていろいろ問題があったと言われていますが、『ハイト・レポート』は、あらゆる年代の女性に対して性生活に関する事細かな質問をし、そこから得た回答を完全に匿名で記述したものだったので、性の実態が生の言葉で率直に表現されていました。その点で『キンゼー・レポート』よりもかなりインパクトが強かったようです。

『ハイト・レポート』について少し詳しく説明しますと、女性版は１９７２年から数年にわたって約４５００人もの女性に対してインタビュー（面接）し、さらに全米10万人の14歳から78歳までの女性に質問書を配布し、３０００あまりの人から寄せられた回答を詳細に分析して、当時の米国女性の性の実態を赤裸々にして、１９７６年に報告したものでした。

質問は、まずオーガズムの有無、感じ方などから、そのときの両脚の格好にはじまり、自慰の経験、方法、意識等々と続き、性交、クリトリス刺激の詳細、女性同性愛、男性への性的隷属、性革命、高齢女性の性など広範囲に及び、それまで決して語られることがなく、女性自身が他の女性の様子を知るすべもなかったリアルな情報がぎっしり詰まっています。

章立てとしては、以下のように9章にわかれ、各章ごとに多くの女性の本音が書かれています。

１　マスターベーション
２　オーガズム
３　性交
４　クリトリスへの刺激
５　レズビアニズム

6　性的奴隷
7　性革命
8　年配女性たちの性
9　新しい女性のセクシュアリティに向かって

中でも第9章の「女性は年をとるに従って能力が増大し、幼児期から生涯にわたって性の楽しみを味わえる」という報告はかなり衝撃的なものでした。

報告書を通して、多くの女性が男性主導のセックスになんらかの不満を持っていることがわかるだけでなく、それがどんな不満なのかなどを具体的に知ることができます。

また、男性にとっても、女性の性の生理、感覚、感情、希望、欲望、男性への本音などを具体的に知ることができるので、勉強になり、性生活に役立つのではないかと思います。

興味のある方には一読をおすすめします。

世界の意識は進んでいる
日本人の性に対する不寛容はもはや時代遅れ

ところで、日本人の性に対する不寛容は、ふたつの点で時代遅れと言えます。

ひとつは、これだけ子供が減っている今の時代に草食男子が増えていること、若い人がセックスをしなくなっていること（セックスレス）、風俗産業までつぶれてしまっている状況になっていることです。

もうひとつは、高齢者が性的なものでエネルギーを取り戻せるのに、そのことを政治家が全く知らないことです。（自分たちは楽しんでいるようですが、一般庶民はそうでないと思っているのです）

それに、日本人の性的なものに対する価値観がまったく変わっていないのも問題です。

つまり、高齢化が進めば進むほど性的なものは解放されなければいけないのに、訳のわからないコンプライアンス（社会規範）がきびしくなっていて、結局、高齢者が元気をなくすような社会になっている。これも問題です。

さらに、何でもかんでもハラスメントになっているのも変な話です。

高齢者をヨボヨボにして何が楽しいのだろうと思います。

60歳になっても70歳になっても夫婦でセックスしていることが自慢できるようにしないといけないのに、「恥ずかしいこと」にされてしまっているのが実状の世の中、自慢どころか、うっかりこういう話を人にすることもできません。

女性も性に対してアクティブに！

ついでに言わせてもらうと、女性も性に対してアクティブになってほしいと思います。

ラブホテルというシチュエーションが性的興奮を起こすというのなら、ご主人あるいはパートナーと、それを利用するのもよいと思います。

新しいシチュエーションの興奮を楽しみながら、さまざまなセックス体験ができると思います。

最近は、高齢者向けのサービスを充実させるラブホテルが増えているといいます。

ラブホテルを利用するばあい、女性は潤滑ゼリーなどが必需品です。バイブを使ってもよいと思います。

バイブ（バイブレーターの略）とは、俗にいうセックストイ（性具）のことで、振動などにより性的快楽を得るものです。

女性の膣に挿入できるようになっていて、女性器や性感帯を振動や動きで刺激し、性的快楽を得ることができます。

年をとればとるほど、そういうものを使うのには抵抗がある人が多いようですが、それで興奮を得ることができるなら、私は使ったほうがいいと思っています。

性具についてもう少し詳しくお話しますと、性的快感を増幅し、性的欲望を十分に満たす目的で使用されるもので、主に生殖器や肉体を刺激し、より豊かな性的快楽を得ることを補助する効果があります。

そのためマスターベーションの補助のためのものや、特殊なフェティシズムに特化したものなど、実にさまざまなものがあります。

昔から女性が快楽を追求する行為は不道徳的であると見なされていたため、これらの器具の多くは男性の願望を強く反映したものがほとんどでした。

しかし、近年では女性の性的な欲求も社会的に認知されるようになり、女性自身の発案による性具も多種多様なものが出回っています。

ネットでも簡単に買うことができるため、若い女性を中心に利用者も多いようです。

老化を遅らせるには老化そのものから遠ざかるような生き方をするとよい

「熟年からの性」ということを考えると、日本はヨボヨボ老人がどんどん増えていくという現実があり、問題だと思います。

これはゆゆしきことで、国民全体で考えなければならない問題だと私は思っています。

老化を遅らせるためには、老化そのものから遠ざかるような生き方をすることが大切です。その方法として、私は次のようなことをおすすめしています。

●「変化のある生活」を心がける

高齢になると脳の前頭葉が老化し、見た目も元気のない老人となるので、前頭葉の老化を防ぐためには「変化のある生活」を心がけることが大切です。

例えば、料理をしてみること、人と会って喋ることなども前頭葉の刺激になります。

でも、嫌な人と無理に付き合うのはストレスになるのでやめましょう。

●家に閉じ籠っていないで一日一度は外に出る

日差しを浴びるとセロトニンが増え、睡眠ホルモンのメラトニンも増えます。

さらに、うつ病の予防にもなります。

散歩や買い物などでもＯＫ。外に出る機会を減らさないことが大切です。

●続けていた習慣は持続する

高齢者にとって、脳機能、運動機能を維持するためには「使い続ける」ことが大切です。習い事でも趣味でもよいです。続けていた習慣は持続してください。それと、コレステロールなど気にせずに美味しいものを食べる。お肉なんかどんどん食べてほしいですね。

他にもいろいろありますが、ここに挙げたことを実行するだけでも老化を遅らせる効果は十分にあると思います。

日本は警察が高齢者の敵か？

日本は、昔はテレビでも普通に女性の裸やおっぱいを映していましたが、今はテレビではヌードを見ることができなくなりました。

欧米なんかは、夜の11時から番組がパタッと大人向けに変わります。大人の時間になったら大人の番組をやるわけです。

なのに日本という国は警察権力が高齢者の敵ですから、超高齢社会にそぐわないことを平気でやるわけです。

例えば、高齢者から運転免許を取り上げ、そしてポルノを取り締まる、というように高齢者が元気になることの邪魔をする、それが日本の警察だと私は思っています。

高齢者が元気で長生きしてくれるためにも運転免許を取り上げてはいけません。

高齢者が免許を返納すると、6年後に要介護になる確率が2.2倍ぐらいになるという筑波大学の調査結果もあるのですから。

高齢者から運転免許を取り上げてはいけないということについて、もう少しお話しますと、「原付以上の免許を持っている年齢別の保有者10万人あたりの事故件数」では、もっとも事故を起こしているのは16〜19歳の1489件、次いで20〜24歳の876件。

いっぽう高齢者は、80〜84歳は604件、85歳以上は645件、70代は500件前後なのです（平成30年の交通事故状況による）。

これを見ても明らかなように、高齢者だけが危険というわけではありません。なのに、高齢ドライバーだけに認知機能検査が義務付けられるなんて、これこそ差別というものです。

ついでに言えば、交通取り締まりにばかり人員を配置して、それで高齢者が振り込め詐欺の被害を訴えても、警察は被害届をほとんど受理しないと聞いたことがあります。ひどい話です。

それだから、日本のテレビ局は「警察から情報をもらわないとニュースが作れないから」といって、そういう実態を電波に流さないのです。これが日本の警察の実態です。

さらに言いますと、日本という国は高齢者が主役になりつつあることを認めようとしません。

例えば、倉本聰さんのオリジナル脚本作品のドラマ「やすらぎの郷《さと》」があんなにヒットしたのに、なぜこれと似たようなドラマを作らないのか。なぜ視聴率３％くらいしかない若者向けの番組ばかり作るのか。

テレビを見ている人の割合は高齢者が多いはずですが、テレビ局やラジオ局が「高齢者向けの番組を作りたいから、和田さん、ちょっと知恵を貸してくれませんか」と言ってきたところはひとつもありません。

いかに高齢者が、お客さんとして無視されているかということです。

これを変えていかないいかないことには、たぶん日本は元気にならないと思います。

高齢者の心を動かすもので日本は確実に活性化する

日本は「高齢者大国」になりました。

65歳以上の高齢者が３６４０万人もいて、人口のおよそ3割を占めています。

この高齢者が弱々しくなるか、元気になるかによって、国の状況は大きく変わってきます。

それなのに、文化も経済も若い人向けにつくられています。

本当は、お金をいちばんたくさん持っていて自由に使える高齢者をターゲットにすべきでしょう。

高齢者の心を動かす「物、事、サービス」を充実させれば、日本は確実に活性化します。

今後ますます高齢者が増えていきます。

高齢者が増えると社会が停滞してダメになるとか、財政がもたないとかいろいろ言う人がいますが、高齢者の80％は、じつは元気な高齢者なのです。要介護も要支援も受けていません。

今は要介護者と要支援者を合せても18％くらいで、残りの80％の人は元気な高齢者であって、ちゃんとした消費者なのです。

高齢者はあまりお金を使わない、お金を使うのは若い人だと思われているようですが、実際には若い人はあまり使いません。

そこのところを広告業界が誤解しているために、スポンサーがサポートするときに若い人向けの広告にかたよってしまい、高齢者向けの広告が少なすぎるという現象が起きているのです。

そういうこともあって、日本ではシルバー・マーケットが排斥されています。

高齢者はお金を使ってくれるし、時間もたっぷりあるし、それに知的な人も多いということを、みんな知らなすぎるのです

使う気になるものを広告に出してくれれば使います。

使ってくれるのに、なぜそっちに行かないのか？　経営者たちがそういう実情を知らないからです。

だから、30年以上も不況が続いているのです。発想を転換すればいいのにと思います。

高齢者をヨボヨボにしていいのか　これは国にとって非常に重要な問題

はっきり言って、今の日本という国は高齢者をヨボヨボにすることばっかりやっています。

医者は薬を出しすぎるし、コロナが流行ったら流行ったで、わけのわからない感染症学者が「できるだけ家を出るな」とか「近距離で人としゃべるな」とか言い出し、厚生労働省や都知事の小池さんなどが、盛んに「三密」（密閉・密集・密接）なるものを標語として掲げたり、おかしなことばかりやってきました。

そのため高齢者は、足は弱るし、頭も鈍くなるし、運転免許も取り上げられてしまい、その上、男性ホルモンの出も悪くなるようなことを続けています。

こんなに高齢者をヨボヨボにする国って、ほかにありません。

それどころか、もっと言うと、医者もテレビも「健康のためにもっと痩せろ」とか「塩分を取りすぎるな」とか「肉の食べすぎに注意」とか言っていますが、そんなことをしていたらみんなヨボヨボ老人になってしまいます。

日本にはいま、高齢者が人口の３割もいるのですから、その人たちがヨボヨボになるのか、元気でいてくれるのかで、この国の将来が変わる非常に重要な問題です。

元気でいてくれれば、その人たちの一部は働いてくれるでしょうから、労働力不足もかなり解消されることだし、お金も使ってくれるわけですから、消費不況といわれるものだって改善するかもしれません。

介護老人が増えれば、国の財政にとってもマイナスになるわけですから、本人のためにも国のためにも、高齢者はヨボヨボにならないでほしい。これが私の心からの願いです。

第3章　性ホルモンの大切なはたらき

性欲や活力を支える男性ホルモン不足すると生命力が落ちる

人間は40代以降、男性は男性ホルモン（テストステロン）が減り、女性は女性ホルモンが減り、中性化するだけでなく老化の原因にもなります。

名称は「男性ホルモン」ですが、じつは女性も微量ながらテストステロンを分泌しているのです。

男性のばあい、テストステロンは主に精巣から分泌されますが、女性は副腎や卵巣から分泌されています。

そして、性欲は男女ともにこの男性ホルモンが司っているのです。

それだけでなく、男性ホルモンには判断力や筋力を高めるはたらきもあります。

年をとるにしたがって、若い頃に比べて気力が落ちたと感じるのは科学的にも正しい現象ですが、その原因は、多くのばあい、男性ホルモンの減少によるものです。男性ホルモンが不足すると生命力も落ちてきますからね。

逆にいえば、性欲を支えている男性ホルモンは「生きる活力」そのものと言えるでしょう。

ですから、高齢者で性欲が強いというのは、男性ホルモンが多いということなので、むしろ喜ばしいことなのです。

男性にも更年期がある男性更年期障害と男性ホルモンの関係

更年期障害というと女性のものと思われがちですが、男性にも更年期障害はあります。

男性更年期障害はＬＯＨ症候群（加齢男性性腺機能低下症候群）とも呼ばれており、近年非常に注目されています。

更年期には、男性ホルモン（テストステロン）の低下によって疲労や倦怠感、不安、不眠、イライラ、性欲の減退といった症状が出るのですが、「なぜなんだろう?」と思うだけで、本人も周囲の人もなかなか更年期障害とは気づかないことが多いようです。

気づかないのはムリもありません。

なぜなら更年期は女性のものと思われていて、男性にもあることがわかったのは近年になってからでしたから。

最近では男性更年期を専門とする外来もあります。

じつは、男性更年期障害と男性ホルモンの関係がだいぶ認識されるようになったのは、はらたいらさん(1943~2006)がきっかけでした。

はらさんはナンセンスギャグ漫画で注目を集めた漫画家で、TBS系「クイズダービー」という番組の名解答者としてもよく知られた人でした。

更年期障害で悩んでいたはらさんは「男性の更年期」をテーマに、ご自身の経験を本などを通して発表していました。

そのなかで49歳頃からの体調の変化について、だるさ、気力のなさ、集中力の低下などの具体的症状や経過を詳しく書いていたのです。

私は、はらさんの男性更年期障害の症状をずっと注視していて、男性ホルモンが少ないと「うつ」状態になる、意欲がなくなる、ということがわかってきました。

男性ホルモンが不足すると生命力が落ちて「うつ」状態になる

はらさんはせっかく更年期障害を克服したのですが、「うつ」状態になっていたということであれば、たぶん男性ホルモンが不足していたのではないでしょうか。

というのは、男性ホルモンはたんなるホルモンではなく、体内でタンパク質を合成するために不可欠なホルモンで、「命のホルモン」と呼ばれているほど重要なはたらきをするものなのです。それが十分でないと生命力も落ちてくるからです。

日本人の男性高齢者は男性ホルモンのレベルが低く、70歳代の８割くらいの人が不足している状態ではないかと、私は臨床経験のなかで感じています。

それなのに日本の社会は男性ホルモンを出にくくさせている傾向があり、それが日本人

の男性高齢者の男性ホルモンの不足と関係があると思います

医者が「痩せているほうが長生きできるので太るな」とか「肉を食べるな」とか「コレステロールを下げろ」とかいって、必要以上に生活に介入してくるのです。

そのおかげで「海外みたいに肥満の人がほとんどいなくていいよな」と言っていたのですが、じつは小太りの人のほうが長生きをしていることが最近になってわかってきたのです。

男性ホルモンを補充すれば若返る
脳の老化も筋肉の老化も遅れる

男性ホルモンのはたらきについては、この20年くらいで研究がずいぶん進んで、いろいろなことがわかってきました。

例えば、男性ホルモンは性欲だけでなく、意欲をうながすホルモンであることがわかったのも、そのひとつです。

男性はだいたい40代くらいから男性ホルモンが目立って減りはじめます。

そうなるとだんだん意欲も減ってきます。

「もうこれくらいでいいや」「出世なんかしなくていいや」とか、「ガツガツなんてもう嫌だ」などと思いはじめる。

それも悪いことではないのですが、意欲がなくなると、「どうせ年なんだから老けてもしかたがない」とか「うまく歩けなくなった」みたいなことになりかねないので、さすがにこれはマズイです。

年をとって男性ホルモンが減ってきた男性がよく言うのは、「新入社員でかわいい女の子が入ってきても、最近は全然興味がもてないんだ」とか「キャバクラとかに行って、女の子をくどくのが面倒くさくなった」といった性的意欲の減退が感じられる言葉です。

実際、定年退職後、キャバクラにはいっさい行かなくなるとか、女性にまったく関心がなくなる人が少なくありません。

家族の平和のためにはそれもいいかもしれませんが、男としてちょっと淋しいのではないでしょうか。

心配なのは、男性ホルモンが少なくなっていけばいくだけヨボヨボになってくことです。そうならないためにも高齢になるにつれて男性ホルモンを増やしたほうがいいのですが、日本の医療の政策そのものが、男性ホルモン不足のことには関心がないのです。

例えば、先ほども言ったように、「年をとったら肉を食べるな」とか、「コレステロール値を下げろ」などといって、男性ホルモンを増やすどころか、人をヨボヨボにさせるようなことばかり言っているのです。

男性ホルモンの重要性を知らないからかもしれませんが、意識の高い欧米との認識の差を感じさせられます。

前頭葉は意欲を司る器官
ヨボヨボにならないために前頭葉を鍛えよう

ヨボヨボにならないためにはもう一つ、前頭葉を鍛えるとよいでしょう。

前頭葉を鍛えるには、普段、前頭葉を使わないような生活から少しずらしてみることです。

「いつも」のことから、あえて外れてみる。意外なことや想定外なことをしてみると、前頭葉が次第に活性化されていくのではないかと思います。

前頭葉というのはクリエイティヴな能力を司る器官です。

「前頭葉が意欲を司る」といっても過言ではないくらい大切な器官で、意外性への対応能力、応答可能性のような大きな役割を果たしています。

ですから、前頭葉のはたらきが悪くなると、前例を踏襲する思考パターンになりがちで、新しい冒険もしなくなります。クリエイティヴなことを思いつかないのです。

要するに、好奇心をなくしてしまうのです。

好奇心というのはとても大切で、よく学者がエロチックかどうかといわれますが、学者がエロチックなのは当たり前だと私は思っています。

なぜなら、知的好奇心と性的好奇心が全然別ものだとは思えないからです。

知的好奇心が高い人ほど性的好奇心も高いので、そういう意味で前頭葉の老化予防にもいいし、男性ホルモンの減少を食い止めるのにも効果があるのです。

前頭葉を鍛えるには
夢中で何かを好きになることも効果的

もうひとつ、前頭葉を鍛えるには、夢中で何かを好きになることも効果的です。

例えば〝推し〟をつくるのも悪くありませんが、リアルな恋愛のほうが脳への刺激ははるかに大きいのです。

なぜなら、恋愛は相手の気を引くために、外見を気にしたり、話題を考えたりと、前頭葉を使うからです。

それに、予想外のことが起こるので、新しい出来事と遭遇することになります。

これこそ前頭葉へのいい刺激になるのです。

まずは男性も女性もおしゃれをして出かけましょう。

おしゃれをするだけで気持ちが晴れやかになります。

それだけでなく、自信や喜びとなり、積極的に外へ出てみたい気持ちになります。

その結果、周囲の人と交流する機会も増えてきます。

すると自然と人を引き付けるようになり、恋愛のチャンスにも恵まれるのではないでしょうか。

要は「生活を楽しむ」ということです。

日本の高齢者が「こういうことをやってはいけない」みたいな呪縛にしばられているかぎり、本当の意味で生活を楽しむことができないのではないでしょうか。

ただ、残念なことに、この前頭葉は脳の中でも加齢とともに真っ先に萎縮が進む場所なのです。

早い人のばあいは40代から萎縮が目立ちはじめます。

すると、感情のコントロールや意欲や創造性が低下していきます。

それだけでなく、新しい情報や考え方に対する柔軟性が失われていき、想定外なことを避ける傾向にあります。

例えば、行きつけの店しか行かなくなるとか、同じ著者の本しか読まなくなるとか、服装ひとつとっても自分は茶系統の服が似合うと思ったら、そういう色の服しか着なくなってしまうとか、人間関係にしても同じ人としか会わずに新しい出会いを求めなくなるとか、人と話していても意見が違ったら嫌だという気持ちになってしまうとか、新しいことにチャレンジするのを避けるようになってしまいます。

すると、新しい意見や異なる意見を取り入れるキャパシティがなくなるのです。

逆に、前頭葉が発達している人は意見が違う人と上手に付き合ったり、あるいは上手に言い合いができたりするわけです。

言いたいことをはっきり言いましょう
やりたいことを躊躇せずにやりましょう

日本人のばあい、若いのに前頭葉を使っていない人が多いと思うのです。

対立や衝突を嫌って年上の人のいいなりになったり、あるいはテレビやネットの情報をう呑みにしたりと、どうも日本人は昔に比べて、議論や喧嘩をしなくなってきたような気もします。

それと、今は世の中全体で物をはっきりと言わなくなっている風潮があります。

余計なことを言ったら嫌われてしまうのではないかと怖れるからでしょうか。

そんなことで新しいことにチャレンジするのを躊躇するならば、それは前頭葉にいちばん悪いし、男性ホルモンにとっても悪いと思います。

言いたいことをはっきり言う。

やりたいことをやる。

新しいことにチャレンジしてみる。

それをしないと前頭葉はダメになってしまいます。

特に女性は、化粧をすることで不安や抑うつ、疲労といったストレスが軽減することがさまざまな研究でもわかりはじめています。

ストレスが軽減し、心の健康を維持・向上することができれば、健康長寿や認知症予防への効果も期待できるでしょう。

見た目もさることながら、話の内容がおもしろいとか、伊達に年をとってないなと思わせることができるかどうかで、年をとってからの魅力というのも違ってきます。

話の内容の面白さについては、脳の中の前頭葉のはたらきが大きく関与していると言われています。

日本人に若年性アルツハイマー型認知症が多いのは男性ホルモンが少ないためか

前頭葉は意欲や感情、創造性を司る脳の部位ですから、前頭葉の機能が低下してくると、当然、意欲が落ちてきます。

その結果、足腰も使わなければ頭も使わなくなり、身体は衰えてヨボヨボになり、認知症にもなりやすくなるのです。

少し専門的な話になりますが、前頭葉は脳の中のアセチルコリンという記憶力とか判断力に関係している神経伝達物質に影響しますから、アセチルコリンが減ってくると記憶力も判断力も落ちていきます。

実際、アルツハイマー型認知症の患者さんの中には、このアセチルコリンの減少がしばしば見られます。

じつは、この脳内のアセチルコリンは男性ホルモンのテストステロンと相関性が高く、テストステロンが減るとアセチルコリンも減少することがわかっています。

40代、50代の若年性アルツハイマー型認知症の人が、なんと１０００人に１人もいると言われていますが、そのくらいの年齢で物忘れがはじまったと感じるのであれば、いちど男性ホルモンの検査をしたほうがいいと思います。

若年性アルツハイマー型認知症と思われる人が多いことからも、私はわりと日本人全般、男性ホルモンが少ないのではないかと思っています。

「男性ホルモンが多い人のほうが人にやさしい」という研究結果

男性ホルモンに関してはかなり誤解があって、男のスケベホルモンだとか、男性ホルモンが多い人は凶暴だとか、そういう間違った考えがたくさんあります。

じつは、男性ホルモンが多い人のほうが人にやさしいという研究結果があるのです。

これは「ネイチャー」だったか「ランセット」だったか、有名な科学雑誌に出ていた論文ですが、女性に男性ホルモン入りゼリーか何かを投与すると、ボランティアをしたい人の割合が増えるとか、寄付の額が増えるといった研究もあるのです。

こういうことを見ても男性ホルモンの多い人のほうが少ない人よりも、たぶん弱者にやさしいのだと思います。

ですから、年をとってからもお妾さんがいたり、芸者さんと遊ぶのが大好きだったりと、女の人との関係が多い人は、端から見ると意外と愛想がよかったり、楽しいおじいさんだったりするところがあります。

選挙でちょっとエッチな感じだけど弱者にやさしい人を選ぶか、それともクソ真面目だけど弱者にきびしい人を選ぶか、選択をしなければならないときは、やはり前者を選んだほうがやさしい政治をしてくれるのではないでしょうか。

「老いたら自分の欲求に従って自由に生きるべき」――これが私の主張です

日本は、長寿の人は多いけれども、長寿でかつ健康な人、元気な人となると意外に少ないのです。特に男性はそうです。

女性は閉経後に男性ホルモンが自然と増えますから、むしろ意欲的になります。だから長寿の人でも、女性のほうが元気なばあいが多いと思います。

我慢や過度なストレスを感じるような環境は、脳にとっては好ましくなく、老化を促すことにつながります。

前頭葉を使ううえでもっとも効果的なのが「したいことをする」ことです。

つまり、我慢しないで自分の欲求に素直に従うことです。

そうすれば、いつくになっても前頭葉が刺激され続けるので、当然、脳も活性化してきます。

面倒な人付き合いや嫌なことはできるだけ避けて、したいことをどんどんする。残された人生は、本当の意味での〝自分の人生〟になるわけですから、誰かに遠慮したり、世間の目を気にしたり、インチキ道徳にとらわれて、やりたいことを我慢するのはもってのほか。

生きとし生けるものの宿命で、人間もいつかは終りが訪れます。

だったらセックスに限らず、何事も興味があるならできるうちに楽しんだほうがいいと思います。

「老いたら自分の欲求に従って自由に生きるべき」というのが私の主張です。

第4章　ホルモン補充療法のすすめ

ホルモンを補充すれば男性も女性も元気になって若返る！

日本人は、年をとれば意欲がなくなり、性欲も筋力も落ちていくのは老化現象だから防ぎようがないと思い込んでいる人が多いようです。

年をとってくると、そのように思い込んでしまうのは、当たり前といえば当たり前なのかもしれませんが、じつは不足しているホルモンを足してやるだけで元気になって若返る可能性が高いのです。元気になって若返ると、脳の老化も筋肉の老化も遅れますから、こんないいことはありません。

「まさか！」と思う人がいるかもしれませんが、本当の話です。

医者はこのことをもっと教えてあげないといけないと、私は思っています。

女性が年をとって、50歳前後で閉経するとして、少なくともあと30年以上は生き続けるわけですし、男性にしても最近は50代でセックスを卒業する人が多いようですが、男性も女性も熟年から性的なことに対して積極的にならないことには、意欲も減退して認知症やうつ病にもなりかねません。

「積極的に快楽を求めよう」という意識になるためには、減ってきたホルモンを足してあげることです。

意欲を高めるためには男性ホルモン（テストステロン）を補充するといいと思います。前にも申しましたように、テストステロンは一般的に「男性ホルモン」とも呼ばれていますが、女性の体内でも生成されているものなのです。

女性の体の中では主に卵巣と副腎から作られていて、性的な欲望や性的な興奮を促し、性的衝動を高める役割を果たしています。

欧米では男性も女性も3割から5割の人がホルモンを補充している

女性の中には高齢になるとセックスを嫌う人もいますが、パーセントでいくと日本の60代の男性は70％くらい、女性は30％くらいがセックスしたいと思っているというデータがあります。

ですが、ここがまたややこしくて、男性の70％というのはセックスをしたいのだけれど、勃たなくなってできない、したいけれど身体能力的にできないというのが実状のようです。

やはりセックスができなくなると男性でなくなるような気持になるので、できるかぎり「できるようになる」方向にもっていったほうがいいと思います。

そのためにも、まずは意欲を高めていく必要があります。

これに対して、3割から5割の人がホルモンの補充によって若さを保っている欧米人は、日本人とは比べものにならないくらいセックスが大事で、夫婦のどちらかがセックスができなくなると離婚の原因になるほどです。

そういう事情もあって欧米ではバイアグラ（ＥＤ治療薬）がめちゃくちゃ売れました。それで薬品会社が、日本でもすごく売れるだろうと期待して、異常な早さで厚生省（現・厚生労働省）に認可させ、しかも保険収載されなくていいからといって発売に踏み切ったのですが、期待に反して、一般向けのものは全然売れなくて、歌舞伎町とか限られたところで売られているような状態になっています。

要するに、日本ではよそで遊ぶために買う人はいても、奥さんとセックスをするためにバイアグラを使う人がほとんどいないということでしょう。

高齢の男性こそホルモンを補充することをおすすめしたい

加齢とともにどうしても男性ホルモンが少なくなるのですが、男性ホルモンが不足すると、気力が落ち、人との付き合いがうっとうしくなってきます。

それだけでなく、人間そのものへの興味を失っていきます。

さらに、記憶力が低下し、筋肉が落ちて脂肪がつくので健康にも影響します。

また、頭を使わなかったり、体を使わなかったりするので要介護にも認知症にもなるリスクが高まります。

結局、性的能力を維持して元気に生きるためには、男性ホルモンのテストステロンを十分保っていることが非常に大切なポイントになるということです。

性的な刺激が男性ホルモンを増やしてくれるのに、日本人はなぜかそういうものを忌み嫌う傾向があります。

日本の医者は「男は年をとったら元気がなくなるのが当たり前」という発想しかなくて、テストステロンの重要性を説明しません。

そのことが、高齢者が性的なものへ関心をもつのは恥ずかしいことだという偏見を広めてしまったように思います。

熟年からの男性を元気にするという意味では、テストステロンを補う治療をもっと普及させるべきだと思います。

私は、高齢の男性こそホルモンを補充することをおすすめします。元気でいられるし、筋肉も落ちにくくなるからです。

性的に元気である人は年をとってからも元気です。

例えば、艶福家としても知られている渋沢栄一にしても、稀代の性豪だったといわれる伊藤博文にしても、年をとってからも元気でした。田中角栄だって脳梗塞にさえならなかったらずっと元気だったと思います。

男性ホルモンを補充して　偉業を達成した三浦雄一郎さん

男性ホルモンが十分ある人は、肉を食べて適度な運動をすれば、年をとっていても筋肉がつきます。

ところが、男性ホルモンが少ない人は、男性ホルモンの十分ある人と比べて、同じだけ肉を食べて、同じだけ運動しても筋肉がつかないのです。

このことひとつとってみても、ホルモンの力はすごいですよね。

「どうも男性ホルモンが不足しているような気がする」と思っている人は、ものは試しで、この機会に補ってみてはどうでしょう。

男性ホルモンを補充して筋肉の回復をはかったよい例として、プロスキーヤーで冒険家の三浦雄一郎さんがいます。

三浦さんは70代の半ばにスキー場でジャンプに失敗して、左大腿（だいたい）骨頸部や骨盤など5カ所を骨折し、医師からは「治っても車いす生活」といわれたそうです。

治療や懸命なリハビリでなんとか回復しましたが、筋肉がゴソッと落ちたのでホルモン療法をはじめました。

三浦さんが言うには、「2週間に1度の注射を続けていたら、高校生のような〝朝勃ち〟が起きて、元気も湧いてきた」そうです。

そして、ご存じのように世界最高齢、80歳にしてエベレスト登頂に成功しました。エベレストのベースキャンプでも、チームドクターにテストステロン注射を続けてもらっていたそうです。

三浦さんに男性ホルモン補充療法（HRT＝Hormone Replacement Therapy）を行ったのは、札幌医科大学名誉教授の熊本悦明先生でした。

先生は男性ホルモンを日本に導入した人ですが、92歳で亡くなる直前まで現役医師を続けられていました。

また、先生は「男性ホルモン」という名称がよくないので「元気ホルモン」に変えるべきだと主張していました。

私も賛成です。

元気ホルモンという意味では、年をとっても男性ホルモンの数値をある程度維持している人は要介護状態に陥りにくいのです。

この機会に、ぜひ、ご自身の男性ホルモンの数値を計ってみてください。

ただ、先ほども申しましたように、日本がそういう健康寿命を延ばす施策を考えているかといえば全く逆で、むしろ高齢者を痛めつけ、ますます弱くさせるようなことばかりしています。

意識的に男性ホルモンの分泌を上げて元気を出さないといけない高齢者に対して、元気を奪うことばかりやっているのです。

若返りのためには「まむしドリンク」より男性ホルモン補充

私のクリニックでも、調べてみると男性ホルモンが足りない人がいっぱいいました。

その人たちにはおおむね注射で補充するのですが、みんな目に見えて元気になるし、頭もシャキッとしてきます。

ある患者さんなんか75歳くらいになるのに、「先生、久しぶりに朝勃ちしたんですよ。ついでに性欲も高まってきたので10年ぶりに風俗に行きました」というメールをくれました。

その人は、じつは奥さんがだいぶ前に認知症になられたために、セックスライフから遠ざかり、ずっとまじめに介護してきた人なのです。だから風俗くらい許してもいいんじゃないかと、私は個人的には思っています。

いずれにしても、男性ホルモンを補充すると、そのくらい元気になるということです。

だから、若返りのためには「まむしドリンク」なんか飲むよりも男性ホルモンのほうが、ずっといいと思います。

ところで、ホルモンの補充は「いつ頃からはじめたらよいか」という質問を受けることがありますが、時期については特に決まりがないので、性欲が弱ったなと感じたらはじめるとよいと思います。

そして、いつまでも〝現役〟でいたいと思うかぎり続けるとよいのではないでしょうか。現役というのはなにもセックスの現役というだけではありません。仕事もその他もろもろのことも現役という意味ですから、そう思っている間は続けたらいいと思います。

うちのクリニックではアンチエイジングや内科などがメインですが、いちばんリピーターが多いのが、このホルモン補充療法です。

うつ病になると性欲が落ちるがホルモンを補充すると改善することがある

うつ病になると男性ホルモンも減るので、慢性的な疲労感や倦怠感が続き、日常的な活動さえも負担に感じることが多くなります。特に50代、60代のうつ病の人というのは、男性更年期とうつ病の区別がつきにくいのです。

長い間、うつ病だと思われていた更年期障害のはらたいらさんが、最終的に男性ホルモンを足したら急に元気になったという話は有名です。

うつ病になると性欲も低下し、セックスに消極的になってしまいます。

女性のばあいは膣が濡れにくく、「性交痛」が発生しやすくなります。

うつ病の人の血液検査をすると、男性ホルモンが減っていることが多いので、そうしたときに男性ホルモンを足してやると元気になります。

年をとってきて、だんだんセックスができなくなってくると、男としての自信がなくなりやすくなり、うつになりやすいのです。

「セックスをすると、うつ病が治りますか？」と聞かれることがありますが、「う〜ん、それはちょっと……」と返事に窮してしまいます。

ただ、うつ病で男性ホルモンが減っている人に男性ホルモンを足してやると、病気そのものは完全にはよくなりませんが、たいがい元気になるし、意欲が出たりします。

それでセックスができたりすると、少しは快楽を感じるようになるので、うつも改善することがあります。

老人性うつ病があまり問題視されないのは「気づかれにくい」ことが一因か

うつ病について少しお話しますと、高齢になるとうつ病になるリスクが上がっていきます。でも、老人性のうつ病は社会ではさほど問題視されていません。それは、なかなか気づかれにくいこともひとつの原因のように感じています。

高齢者のやる気が低下しても、周囲が「年のせいだろう」と考えて、深刻に捉えないケースも多いようです。

また、物忘れや日常の行動がおっくうになっている様子を認知症と誤診され、誰にも気づかれないままうつ病が進行してしまうケースもあります。

実際に、私が診療している患者さんの6～7割は認知症、残りの3割程度がうつ病です。

認知症は「多幸症」といわれることもあるように、中期以降になると本人自身がものごとを明るく受け入れていく傾向があります。

いっぽう、うつ病は悲観的になり、本人にとってつらい病気です。

正直なところ、医師である私自身が最もなりたくないと思う病気がうつ病です。

うつ病は体のだるさや食欲不振、なにかを食べても味を感じないといった症状が続きます。

さらには、人に迷惑ばかりかけているという罪悪感にさいなまれ、孤独になります。

しっかり治すか認知症にでもならない限り、いつまでも辛さを抱えながら生きていかなければならないのです。
闘病中に喪失体験が重なり、最悪の場合、自ら命を絶ってしまうこともあります。

男性ホルモン（テストステロン）治療の効果
――クロード・ショーシャ博士の研究より

男性ホルモン（テストステロン）を補充すると、次のような効果が期待できます。

●肌……皮脂腺によって皮脂分泌を刺激することで肌に効果をもたらす。髪の成長を促しシワをできにくくする。
●肝臓……血清タンパク質の合成を刺激し、肝臓タンパク質を縮小することによって、テストステロンの効果を高める。
●生殖器……男性のペニスのサイズを拡大させ、精子の動きを活発化し、前立腺の機能と膀胱の括約筋の動きを上昇させる。
●骨……骨の成長を促進し、骨へのカルシウム吸収度を上げる。骨粗しょう症を防ぐ。

●骨髄………赤血球とヘモグロビンの生成と鉄分貯蔵を刺激する。成長ホルモンとシナジー効果があり、成長ホルモンの分泌を自然に促す。

●腎臓………エリスロポテチン（ＥＰＯ）という赤血球の成長を促進し、筋肉の活動を刺激するホルモンの分泌を促す。

●筋肉………筋肉繊維の数を増やし、運動が継続されている間なら、筋力と筋肉量を上昇させる（サルコペニアという筋肉量の低下を防ぐ）。

●脳………性欲を高め、脳機能や気力を刺激する。疲労を緩和させ、アルツハイマー病を予防する。記憶力と集中力、自信や意欲を高める（過度にテストステロンが処方されると攻撃的になるばあいもある）。

●心臓………心循環器システムや動脈壁を保護する。動脈の直径を広げることで血流を促し、狭心症や心臓疾患を防ぐ。

●脂肪………脂肪細胞の蓄積を減らし、脂肪細胞の数を減らすことなく脂肪燃焼を加速させる。

●免疫システム……免疫システムにとって重要な白血球を刺激し、感染から保護する。
（クロード・ショーシャ博士、クロード・デール博士：共著、和田秀樹：監訳・監修『テストステロンの秘密』より）

クロード・ショーシャ博士との出会い

私は老年精神医学のかたわら、自分の老化予防をかねてアンチエイジングのクリニックを開いています。

発端はフランスの著名な医師・クロード・ショーシャ博士と２００４年に知り合ったことでした。

ショーシャ先生は英国の故ダイアナ妃の主治医や、クリントン米元大統領のアンチエイジングのコンサルタントを務め、人気俳優ジャッキー・チェンやコン・リーのアンチエイジングの主治医をするなど、世界を股にかけて活躍をされています。

私は２００５年に出版された先生の著書『30日間で10歳若返る』の日本語版を監訳することになり、その優れた理論を知ったことをきっかけに、先生の研修を香港のクリニックに受けに行きました。

そして、ショーシャ方式の医療を手掛ける自費診療のクリニック「和田秀樹こころと体のクリニック」を開業しました。それ以来、ショーシャ先生が来日されるたびに指導を受け続けています。

日本で自費診療というと、美容外科や痩身治療のような即効性のあるものがウケるようで、世界に20カ所以上あるショーシャ方式の提携クリニックの中で、私のところだけがはやっていないという現状です。

ご存じですか？　禿げている人が「性力が強い」といわれる理由

どんなに優れた効果や作用のある薬でも、大なり小なり副作用はありますが、それはホルモン療法においても同じです。

ホルモン療法において副作用が生じるメカニズムを簡単に説明しましょう。

男性は年をとるにつれてテストステロンが減って、ジヒドロテストステロン（DHT）

というホルモンに変える酵素が増えます。

そこで減った分だけのテストステロンを補充すると、その２割から３割のテストステロンがジヒドロテストステロンになるのです。

このジヒドロテストステロンが副作用を引き起こすもとになるわけですね。

たしかにジヒドロテストステロンは問題です。抜け毛や前立腺肥大の原因になります。

ですが、じつは、テストステロンがジヒドロテストステロンに化けることには意味があって、テストステロンを補充してジヒドロテストステロンに化けさせると、大体３倍くらい強い男性ホルモンとしての効力を発揮するのです。

ですから、例えばテストステロンが３分の１に減ったときに、ジヒドロテストステロンに全部変えてしまえば男性ホルモンとして維持できます。

その代わり髪の毛が抜けてしまうというリスクがあります。つまり、副作用です。

禿げている人が、性力が強いといわれるのは、ジヒドロテストステロンという強力な男性ホルモンがたくさんあるからです。

副作用をブロックするフィナステリド（プロペシア）が禿の治療薬

ところが、これは１９９１年くらいだったと思いますが、テストステロンがジヒドロテストステロンになるのをブロックする酵素が発明されました。

それが「フィナステリド（商品名はプロペシア）」という薬です。

フィナステリドを飲むと髪の毛が抜けなくなるので、男性型脱毛症（ＡＧＡ）の治療薬として使われてきました。

補充されたテストステロンが、せっかく強力なジヒドロテストステロンに化けさせているのに、それが化けないようにフィナステリドがしてしまうわけです。

それで私の師匠のクロード・ショーシャ先生は、それならフィナステリドを使うときに男性ホルモンを足せばいいと考えたのです。

そして、フィナステリドでテストステロンがジヒドロテストステロンに化けない状態にしておいてテストステロンを足せば、「テストステロンは足りているけどジヒドロテストステロンはできない」という状態になることを発見しました。

そういうわけで、ホルモンを足すことで頭が禿げるのを心配するのであれば、フィナステリドと併用するといいでしょう。

フィナステリドというのは、本来はテストステロンと併用しないといけないのですが、皮膚科の医者はそういうホルモン医学的なことを知らないために、医者からフィナステリドをもらってＥＤになる人がたくさんいます。

これはちょっと問題ですね。

髪の毛が抜けるのを防げたとしてもＥＤになっては、これはこれで困ります。

ジヒドロテストステロンが増えると頭は禿げるし、前立腺肥大の原因になるから悪者といえば悪者ですが、フィナステリドだって、もともとは前立腺肥大の治療薬として開発されたものなのです。

なお、ホルモン療法は、基本的にはホルモンの不足分を補充して基準値まで持っていくことが目的なので、過剰に摂取しなければ副作用はほとんどないと思います。

また、副作用を最小限に抑えるために、ホルモン療法を行っている医療機関では血液検査・尿検査・前立腺疾患に関する検査を治療前・治療中に行うので、過度な心配は不要です。

日本でホルモン補充療法が普及しない理由は「周知されていないこと」と「医者の不勉強」

日本では、ホルモンの補充療法があまり普及していません。

理由のひとつには、そういう療法があることをみんなが知らなすぎるからでしょう。

ホルモン療法にしてもバイアグラにしても、そういうもので元気になった人が大っぴらに宣伝してくれたらよいのにと思うのですが、なかなか言ってくれません。

口コミでその素晴しさが広がれば、少しは普及するかもしれないのに……。

それと、日本は国民皆保険のおかげで、風邪をひいたくらいで医者に行くといった恵まれた国で、医者が身近な存在であるから何でも医者に相談するという文化ができてしまっています。

ところが残念なことに、医者は病気を治すことは学んできていますが、日本の医学界全体の風潮として、どうすれば国民が元気でいられるのか、どうすれば高齢者が若返るのかみたいなことを大学で教わってこなかったし、医者自身にとってもそういうことは興味の対象外なわけです。

男性ホルモンの大切さひとつとってみても、医者にしたらまったく興味のない話なのです。

本来は高齢者のほうが男性ホルモンを増やさなければいけないのに、日本は男性ホルモンの補充をやらない・やれない病院やクリニックが圧倒的に多いのが現状です。

やる・やらないには別に基準があるわけではなく、医者が不勉強で、そういうことを知らない・知ろうとしないだけです。

第5章　女性ホルモンを補充して更年期障害を解消！

更年期はホルモンバランスがくずれ自律神経の調子が悪くなる

人間というのは「中性で生まれて中性で死ぬ」とよくいわれますが、子供の頃というのは性ホルモンがほとんどないので、女の子はおっぱいも大きくないし生理もありません。

しかし、思春期になると女性ホルモンのエストロゲンがドッと出てきて生理もはじまります。

この時期は、ついこの間までその辺を走りまわっていたような女の子が、おっぱいも出てきて、女らしい体つきになって、周りを驚かせることがあります。

要するに、女らしさというのは女性ホルモンによってつくられるわけです。

女性によっては生理のときに生理痛に苦しむ人もいますが、そういう生理という邪魔者がある代わりに女性らしさが保たれているわけです。

女性ホルモンのエストロゲンの分泌はどんどん増え、20代前半でピークを迎えます。

そして、30代から下降しはじめ、40代半ばから50代半ばにかけて急激に減少していき、60代以降はほとんど分泌されません。

ちなみに、日本人女性の平均閉経年齢は50歳前後（45〜55歳）とされていますが、個人差があり、早い人では40歳代前半、最近は50代半ばまで生理がある女性も珍しくありません。

エストロゲンが急激に減少する45〜55歳にかけての時期が「更年期」です。

更年期にはホルモンバランスがくずれたり、自律神経の調子が悪くなったりするために、いわゆる「更年期障害」というものが起こるわけです。

それで、更年期障害を緩和するために女性ホルモンを投与することが、治療としてわりと当たり前になっています。

ところが、完全に閉経してしまって女性ホルモンが出なくなってしまったら、「もうやめてもいいんじゃない？」というのが日本の医療の考え方です。

女性ホルモンが減ることは、ホルモン医学的に見れば中性の女性になっていくことなので、そうなったらもうセックスもしたくないだろうし、いつまでも女であることにこだわる必要はないよ、というわけです。

男性たち、奥さんにまとわりつく「濡れ落ち葉族」にはならないで！

たしかに医学的に見れば女が終わっているし、しかも女性ホルモンが減ってくると男性ホルモンが増えるから女性が男性化していきます。

昔（１９３６年）、「うちの女房にゃ髭がある」という映画と、これと同名の歌があり、巷でけっこうはやりました。戦後にリメイクされたので、70～80代の方なら記憶にあるかもしれませんね。

この言葉を考えた人が、閉経後の女性が多少男性化するということを知っていたのかどうか分かりませんが、いま思うとおもしろいですね。

女性に髭が生えるというのは都市伝説的なところがありますが、男性ホルモンが増えてくると女性は元気になり、なにごとにも意欲的になります。

男性ホルモンというのは人付き合いのホルモンでもあるので、男性ホルモンが増えてくると、それまでは面倒だと思っていた人付き合いもおっくうでなくなるのです。

それで、家庭の主婦時代はそんなに社交的ではなくて、ママ友などといやいや付き合っていた人が、女性同士わりと仲良くなったりします。

そういえば、年をとってからの団体旅行などは女性が多いですよね。

いろんなサークルに行っても、いろんなボランティアに行っても圧倒的に女性が多いのは、男性ホルモンが増えるからではないでしょうか。

いっぽう、年をとってから男性ホルモンが減ってきたご主人は、人付き合いがおっくうになり、意欲も落ちてきて、そういうところに行こうとしません。そのくせ、奥さんの買い物やちょっとした散歩にまでついてくるようになるご主人もいて、奥さんをうんざりさせています。

この様子を、靴底にまとわりつく濡れた落ち葉に例えて「濡れ落ち葉症候群」（または主人在宅ストレス症候群）と呼び、奥さんにまとわりつくご主人たちのことを「濡れ落ち葉族」と呼ぶそうです。

それにしても〝濡れ落ち葉〟とはうまい表現ですね。

この言葉は、評論家の樋口恵子さんが毎日新聞に寄稿した論文の中で使用したことで広まったものですが、樋口さん本人が考えた表現ではなく、伝聞で聞いた表現を紹介したものだそうです。

古い価値観にとらわれず高齢者が元気になるのを喜ぶべき

じつは、男性ホルモンというのは女性・男性にかかわらず、性欲を上げるはたらきがあるので、性欲が高まると女性のほうが性的に積極的になり、男にもてたいという気持ちになったり、趣味で水泳やテニスなどをやっている人は、インストラクターみたいな人に恋をするとか、そういう人が出てきます。

そんなとき、やはり女っぽいほうが得だから、女性ホルモンの補充を受けると、おっぱいも張ってくるし、肌つやもよくなる。何よりも膣が濡れるようになってくるからセックスができるようになります。

女性の社会進出が進んだり、お金を持っている女性が増えてくると、けっこうな年の女性が若い男の子と結婚したり、パートナーにしたりするのが珍しくなくなっています。

それを「相手は金目当てだろう」とか、「いい年こいて」とかいった目で見るほうがおかしいと思います。

なぜなら、今どきの時代背景に合わないからです。

いまは世の中が多様化しているうえに高齢化しているのですから、高齢者が元気になるのを喜ばなくてはいけません。

にもかかわらず、古い価値観にとらわれている人が相変わらず多いようです。

女性ホルモンのエストロゲンとプロゲステロンのはたらき

少し専門的な話になりますが、大切なことなので、ここで女性ホルモンの説明を簡単にしておきます。

女性ホルモンは、卵巣から分泌される「エストロゲン（ｅｓｔｒｏｇｅｎ＝卵胞ホルモン）」と卵巣の黄体で形成される「プロゲステロン（ｐｒｏｇｅｓｔｅｒｏｎｅ）」があります。

女性ホルモンの中でも、更年期に大きく影響するのはエストロゲンです。

エストロゲンは、「女性らしさをつくるホルモン」とも呼ばれ、卵胞の発育とともに分泌されるため「卵胞ホルモン」とも呼ばれています。

また、排卵前の子宮内膜の増殖期に分泌量を増加させ、受精卵が子宮に着床する準備を促すはたらきをします。

さらに、乳房や生殖器官の発育を促すほか、「骨や血管を強くする」「肌や髪の潤いとハリを保つ」「コレステロールを調節する」「精神を安定させる」といった女性の心と体を健やかに保つはたらきもします。

いっぽう、プロゲステロンは子宮内膜に作用して、受精卵が着床しやすい状態に整えるなど、妊娠を助けるはたらきをします。

卵巣の黄体で形成されるため「黄体ホルモン」とも呼ばれています。

プロゲステロンは排卵直後から分泌量を増加させて、妊娠の準備を促すはたらきをします。

また、基礎体温を上げ、受精卵が着床しやすいように子宮内膜を安定させ、乳腺を発達させるはたらきもあります。

なお、経口避妊薬はエストロゲンとプロゲステロンの合剤で、排卵抑制などによる避妊効果や、月経困難症、子宮内膜症の症状緩和薬として使用されています。

エストロゲンの分泌が減ると女性の体にさまざまな症状が起きる

閉経期にはエストロゲンが減少するため、それに伴ってさまざまな不調（更年期症状）を引き起こしやすくなります。

まず、月経が早くなったり遅くなったりと月経異常が起こり、やがて、「のぼせ」「めまい」「ほてり」「発汗」「手足の冷え」などの自律神経失調症状も起こるようになります。

そして、少し遅れて「倦怠感」や「不眠」「不安」「気分の落ち込み」「イライラ」「免疫力の低下」などの精神神経症状が現れたりします。

また、組織中のコラーゲンが減ることで膣の粘膜が薄くなったり、おりものが増えたり、粘膜が乾燥するためにセックスでひどい痛みを感じたり、出血することもあります。

さらに、血圧が上昇したり、動脈硬化も進んだり、骨粗しょう症にもなりやすくなります。

こうした更年期の症状はじつにさまざまで、個人差が大きいのも特徴です。

仕事や人間関係など生活に支障があるばあいは、いわゆる更年期障害として保険治療の対象となります。

女性の性交痛の改善にはホルモン補充療法も有効

更年期症状のひとつでもある性交時の痛みは、女性にとっては悩みの種です。

セックスをしたいという気持ちはあっても、〝痛い〟と思うと、その気持ちもしぼんでしまいます。その改善のためにホルモン補充療法があります。

性交痛の原因としては、骨盤内の腫瘍（子宮内膜症、子宮筋腫など）や、炎症性疾患（性器クラミジア感染症、カンジダ外陰膣炎など）の可能性もあります。

膣の潤い不足やそれによる性交痛には、膣潤滑ゼリーも有効です。

ほかに「エストリール膣錠」という女性ホルモンの錠剤を膣内へ投与する方法もあります。これは膣内に女性ホルモンを作用させ、乾燥や膣萎縮を改善する治療ですが、副作用として乳房の張りなどが感じられることがあります。

ところが、せっかく性交痛が改善しても性欲が低下して、性行為をうとましく感じる人も少なくありません。

こんなときはホルモン補充療法をおすすめします。

ホルモン補充療法の費用は、更年期障害の治療のばあいは保険がききますが、日本という国は保険病名がつかないと治療に保険がきかないので、更年期障害と認められないと自費診療になります。受ける際は確認が必要です。

閉経後のホルモンの補充は微妙なラインですが、保険がきかなくても月一万円くらいだと思います。

ホルモン補充療法には主にエストロゲンを使用

更年期障害は症状も重症度も人それぞれなので、その人にあったホルモン補充療法と治療方法を行うことが大切です。

ホルモン補充療法は更年期症状の緩和のためエストロゲンを補充する治療ですが、アンチエイジングの効果もあります。

方法としては、不足したエストロゲンを内服薬または塗り薬で補充します。ただ、血栓症がある方や、乳がんや脳出血の既往のある人は受けることができません。

ホルモンが補充されると症状が緩和され、次のような効果が期待できます。

●ホルモン補充療法のさまざまな効果

- 更年期障害（のぼせ、ほてり、イライラなど）の緩和
- 膣の潤いがよみがえる
- 更年期の抑うつ気分の改善

・骨密度の増加
・血管のしなやかさの保持
・脂質代謝や糖代謝などに好影響
・皮膚のコラーゲンを増やし肌の潤いの保持
・大腸がんのリスクの低下、等々

●ホルモン療法の主な副作用

女性ホルモン（エストロゲン）を補充すると、初期に不正出血や乳房の張りなどが起こることがありますが、ほとんどのばあい、服用を続けるうちにおさまります。

また、ひところホルモンを補充すると乳がんになりやすいと言われていたこともありますが誤解です。現在は生活習慣などが原因による乳がんリスクと同等か、それ以下ということが世界的な共通認識となっていますので、ホルモン補充療法は基本的にはほとんど害はないと思ってよいと思います。

ただ、すでに乳がんや卵巣がん、子宮体がんなどを患っている方、心臓、肝臓に病気をお持ち方、あるいは糖尿病を治療中の方は、病気を悪化させる恐れがあるので受けることはできません。

日本で女性ホルモン補充療法が普及しない三つの理由

女性ホルモンは10～18歳頃に徐々に増え、妊娠能力が高まる20代から45歳頃までに分泌がもっとも盛んになり、老年期にはほぼなくなります。

男性ホルモンはゆったりしたカーブを描いて減っていくのに対して、女性ホルモン（エストロゲン）はガクンと崖から落ちるような減り方をします。

そこでエストロゲンが減ったままの状態にしておくと老け込むし、骨粗しょう症にもなりやすくなるので、欧米では閉経後の多くの女性がホルモン補充療法を受けています。

オーストラリアの約60％を筆頭に、アメリカやカナダでも約40％普及しています。

しかし、日本ではわずか数％と、先進国の中では最も低い普及率にとどまっています。

日本で女性ホルモン補充療法が普及しない理由は大きく分けて三つあります。

ひとつには、２００２年にアメリカで行われたＷＨＩ（Ｗｏｍａｎ'ｓ Ｈｅａｌｔｈ Ｉｎｉｔｉａｔｉｖｅ）という研究の中間報告として、ホルモン補充療法を５年以上続けていると、乳がんなどの発症リスクが高まると報告されたことにあります。

それが日本でも新聞などで大きく報道されてしまったため、誤解が生まれました。ホルモン補充療法への不安が女性たちに広がり、いまなおその影響が続いている可能性があります。

二つめの理由は、日本では女性ホルモンの補充は、一般的には更年期障害の治療に限られているために、「閉経したらもう補充は必要ないでしょう」というような考えが医者の側にもあることです。

でも、私はそうは思いません。閉経後の女性こそホルモンの補充が必要だと思っています。女性ホルモンには処方薬もあれば膣剤もあるので、自分に合ったほうを利用していただきたいのです。

三つめの理由は、医者にしてみれば補充療法は儲からないからということもあります。保険がきく女性の更年期障害の治療のばあい、ホルモンの補充はせいぜい月2000円くらいでしょう。いちばん儲かる注射はさまざまなワクチンです。

医者のあいだでワクチンは「冬のボーナス」とか言っているようです。

例えば、ある地方都市の総合クリニックでは、繁忙期を除き、毎月700万～800万円の赤字を抱えていたのに、新型コロナウイルスが拡大した2020年1月～2022年9月末には、ワクチンのおかげで一気に大幅な黒字に転換しています。

経理担当者が「こんなにもらっていいの？」と、言ったとか言わなかったとか。まさにワクチンさまさまです。

女性の「人生最高のセックス」は50～60代という調査結果

女の人が男性とちがうのは、性経験を重ねれば重ねるほど、感じる体になることです。

前にもお話ししましたように、女性は男性と逆で、年をとるにしたがって女性ホルモンは減って男性ホルモンが増えていきますから、60代以降のほうが若いときよりも性欲が強くなる人が多いようです。

90代の女性が「振り返れば60代がもっとも感じたわ」と言っていたという話を聞いたことがありますが、たぶん事実だと思います。

というのは、そのころは性欲を支える男性ホルモンも多いし、人間的にも成熟して魅力的になっているからです。

「60代がもっとも感じたわ」と言っていた90代の女性の話には、かなり信憑性があります。

というのは、実際の調査結果も出ているからです。

富永喜代医師が主宰するオンラインコミュニティ「富永喜代の秘密の部屋」で30〜80代を対象に行った調査で、「あなたはこれまでの人生で『最高のセックス』を体験したことはありますか？　そして、それは何歳のときですか？」という質問を男女１２３人に対して行なった結果、次のような回答を得ていたといいます。

「最高のセックスを経験した」と回答したのは、20代が13人、30代が14人、40代が22人、50代が30人、60代が36人、70代が８人。

つまり「最高のセックスを経験した人は60代がもっとも多かったことがわかりました。

これを見て驚いた方も多いのではないでしょうか。

50〜60代の人たちが、20〜40代の人たちを圧倒的にしのいで〝最高のセックス〟をエンジョイしていたなんて本当にすばらしいですね。

なお、この調査結果は、後に「日本性機能学会第32回学術総会」という学会でも発表されています。

熟女はセックスも人間的魅力も最高！　いっぽう男性は……

女性は50〜60代は、性的成熟はもちろん、人間的にも成熟して魅力的になりますが、男は、残念ながらそういうことにはなりません。

男のばあい、若いころと比べて、年をとってからのほうが性的なものの感度がよくなるという気はしないけれども、せいぜい若いころと比べて射精まで時間がかかる分だけ快感がつづく時間が延びるということはあるかもしれません。

ですが、感じ方が変わるかといえば変わらない。

女の人は年をとってからのほうが感じるという人が多いようですが、男は感じるところが基本的に一カ所だけだから、そういう感覚は残念ながら男にはわかりません。

その点、女の人は体のあちこちに性感があるので、下手すると指先をなめてあげるだけで感じる人もいるようです。

谷崎潤一郎が「女の人の足を見るとゾクゾクする」と言っていたそうですが、もしかしたら女の人の足に性感があるのを発見して喜んでいたのかもしれません。

男は感じるところが一カ所だけだから、年をとるにつれてそこもだんだん弱くなっていくので、今度は相手を喜ばせることに喜びを感じるようになります。

そして、ふだん真面目そうにしているきれいな女性が乱れるのを見て楽しんだり、思わぬところに性感帯があるのを発見して喜んだりするのです。

これは医学的にもすごく大事なことです。なぜなら意欲や感情や創造性を司る前頭葉を使うからです。

女の性欲は「死ぬまで」って本当？でも、恥ずかしいことではない

有名な話ですが、江戸の名奉行・大岡越前守が、不貞を働いた男女の取り調べをしていたとき、「女性からの誘いに乗ってしまった」という男側の釈明にどうしても納得がいかなかったので、自分のお母さんに「女性はいくつまで性行為が可能か」と聞いたところ、彼女は黙って火鉢の中の灰をかき回し、小さい声で「灰になるまで」と言ったそうです。真偽のほどはともかくとして、女も年をとってからもいつまでも性欲があるという、ひとつの逸話としてはおもしろいですね。

男も女もいつまでも性欲があるのは恥ずかしいことではありません。食べることや眠ることと同じで、ごく自然のことですから。

他人を困らせたり警察の厄介になったりしなければ、欲望に忠実に生きてもいいと思います。特に閉経後の女性は妊娠の心配もないわけですから、もっと奔放に楽しんではどう

でしょう。

年齢を重ねても積極的で意欲的な女性は魅力的

作家の佐藤愛子さんの作品を映画化した『九十歳。何がめでたい』が２０２４年に公開となりましたが、その主演を務めている草笛光子さんにしても、あるいは70歳のときにひと回り以上年下の男性と恋をして、その顛末を『わりなき恋』という私小説にして発表した岸恵子さんにしても、女性たちの憧れの的な存在ですよね。

年を重ねてもこんなふうにかっこいい、美しい女性でいたいとみんな思うわけです。

１０７歳で亡くなった女性報道写真家第一号とされている笹本恒子さんも、意欲的な女性の典型と言うべきでしょうか。

このように、女性には自分の人生のお手本になるような人がいっぱいいるのです。

意欲的な女性ということに関して、主に50代以降（「ハルメク世代」と呼んでいる）の女性をターゲットにした「ハルメク」という月刊情報誌があります。

内容はファッションを主としたものですが、あらゆる年代向けの女性誌のなかでも発行部数は国内最多の50万部を超えて、『週刊文春』や「女性セブン」よりもはるかに売れています。

この例からも、女性というのは年齢を重ねてもファッションに興味があるし、人とのコミュニケーションにも積極的で意欲的だということがわかります。

今は女性が支持する商品でなければヒットしませんから、これからは女らしい女の出番です。

ファッションだけでなく性に対しても欧米の女性たちは積極的で意欲的ですが、性の問題に関しては、日本の女性はたち遅れていると思います。

ジェンダーフリーやＳＤＧｓ（Ｓｕｓｔａｉｎａｂｌｅ Ｄｅｖｅｌｏｐｍｅｎｔ Ｇｏａｌｓ＝持続可能な開発目標）などスローガンは海外から一早く取り入れるのに、たいていねじ曲がった方向に行ってしまいます。

私は日本の女性たちに、「性に対してもっと積極的かつ意欲的であってほしい」と言いたいです。

第6章　マスターベーションは心にも体にもいいんです

13世紀の物語にもあったマスターベーションの話

マスターベーションは「オナニー」ともいい、日本では「自慰」とか「手淫」とか「自涜」ともいいます。

また、若者の間では「オナる」とか「ひとりエッチ」などと表現することもあるようですね。

この本ではマスターベーションとオナニーを混用していますが、どちらも同じ意味です。

前にもお話ししましたように、日本人は昔から性に対しては大らかな民族でしたから、古い文献の中にはマスターベーション（オナニー）について触れているものもいくつかあります。

その中でももっとも古いのは13世紀の『宇治拾遺物語』といわれ、その巻一に「源大納言雅俊 一生不犯の鐘打たせたる事」という話があります。その部分を私の現代語訳でご紹介します。

「京極の源大納言雅俊は、仏事を行う際には、仏前で鐘を打たせる僧には「一生不犯」、すなわち生涯女性とセックスはしないと誓った者を選んで行っていた。

そうやって選ばれた僧の一人が登壇したのだが、彼は顔色が悪く、鐘を鳴らす棒を振り回すばかりで、固まってしまっていた。

どうしたのかと周囲が心配しはじめた頃、この僧が震える声で「(女性とセックスはいたしませんが)手淫はどうでしょうか(問題ありませんか)」と言ったので、みんなあごが外れるほど笑った。

それを聞いていたある大納言の家来が「ところで、あんた、手淫をどれだけしているんですか」とたずねると、僧侶は首をひねって、「あの、昨晩もちょっとだけしました」と答えたので、またまた大受けした。僧侶は恥ずかしくなったのか、そそくさと退出してしまった」。

この物語の原文に出てくる「かはつるみ」という言葉は手淫、すなわちオナニーのことです。

生涯禁欲しなければならなかった僧侶でも、こっそりオナニーをしていたことがわかる一節で、おもしろいですね。

オナニーを「仏の教え」とうそぶいた江戸の国学者

江戸時代には一般庶民の性的なことに対する認識はさらに大らかになり、先ほどご紹介した浮世絵の春画のなかにも、女性が夫またはパートナーとのセックスを想像しながら(吹き出しにその場面が描かれている)、マスターベーションをしているものもあります。

また、会津藩の国学者・沢田名垂《さわだなたり》の『阿奈遠可志《あなをかし》』という本には、「オナニーはすばらしいものである。なぜなら健康を損なうことも、世間に迷惑をかけることもない仏の教えだから」などと言って、オナニーを称賛している箇所もあります。

このように、ひと昔前の庶民たちは、オナニーに対する宗教的なタブーも罪悪感もなく、「当たり前」のこととして認識していたのですね。

オナニーをタブー視するようになったのはキリスト教文化の価値観を取り入れたから

ところが、前にもお話したように、日本は明治時代の近代化にともなって、性的にきびしいキリスト教文化を取り入れたために、オナニーに対してもタブー視するようになったのです。

ヨーロッパ社会では、18世紀以前から生殖を目的としない射精、つまりオナニーや膣外射精は、神に対する背徳行為とされていました。

セックスはあくまで子をなすための行為であり、避妊をするセックスは快楽のみを得る行為で、とんでもない大罪であるとされていたのです。

さらに18世紀に入ると、「オナニーを行うことは身体や精神に有害である」と指摘する本が出版されるようになりました。

その中の一冊に、世界で最初のオナニー論を展開している『オナニア』という本があります。

そこには「オナニーのもたらす恐るべき結果」として、「成長の停止、包茎、有痛排尿、ED、持続勃起症、ひきつけ、かんしゃく、ヒステリー性麻痺、衰弱、不妊症」など、さまざまな症状が書き連ねられているのです。

もちろん当然ながら、これらの症状は医学的にも科学的にもまったく根拠のないものです。

19世紀に入ると、今度は社会問題として扱われるようになり、英仏米の医者たちは、「オナニーは身体病と同様に精神病の原因になる」と本気で信じていて、脳や神経組織に悪影響を与えるという考えを広めていきました。

こうした根も葉もない「オナニー有害論」は、そのまま明治期の日本に持ち込まれたわけですね。

「オナニー」の語源は『旧約聖書』の物語に由来する俗に「オナンの罪」といわれているお話

余談ですが、「オナニー」という呼称の語源は『旧約聖書』「創世記」第38章８～10節の中の話に由来するとされています。俗に「オナンの罪」と言われているもので、次のような内容です。

「ユダには長男のエル、次男のオナン、三男のシェラという３人の息子がおり、長男のエルが早死にしたために、次男のオナンは父親から兄の妻タマルをめとり、子をつくることを命じられる。しかしオナンは兄の代わりに子をつくることを嫌がり、性交時は精液を膣の中に出さず、寸前で陰茎を抜いて精液を外に漏らし続けていた。この行為は神の意図に逆らう宗教的な反逆とされ、オナンは神によって命を絶たれた」

オナンが行ったのは膣外射精でしたが、語義が転じて生殖を目的としない射精行為として「オナニー」という言葉が使われるようになったそうです。

カトリック教会では マスターベーションは今も罪とされている

カトリック教会では今もマスターベーションは罪とされているようです。

『カトリック小事典』によると「自慰は生殖機能のひどい乱用であって、意識的に行うばあいは大罪である。この行為が罪であるのは、生殖能力を作動させておいて、その自然の行為、神から定められた目的を達成させるのを妨げる点にある」と書かれています。

ここにある「神から定められた目的」というのは、「子供を生む」という意味でしょう。つまり、子供を生むためでなければ、そんなことをしちゃあいかん、というわけです。

今はどうか知りませんが、カトリック修道士の青年たちが寄宿舎で寝るときは、ふとんの中に手を入れてはいけないことになっているという話を聞いたことがありますが、これもマスターベーションをさせないための規則のようです。

キリスト教文化のなかでは、マスターベーションは確かにいけないことなのでしょう。なぜなら、子供を生むための大事な精液を外に出すなんてけしからん話だったのですから。

それと、カトリックは避妊を認めていません。特に膣外射精がいけないと言われているみたいです。キリスト教が支配的だったころは、それはいけないこととされていたということは、マスターベーションに対して罪の意識を持つのは日本人にかぎったことではないのかもしれません。

ちなみに、厳格なピューリタンによってひらかれた植民地時代のアメリカ合衆国コネチカット州ニューヘイブンにおいては、１６４０年代の法典に「冒涜者、同性愛者、自慰者への最高刑は死刑」と規定されています。「最高刑は死刑」だなんて、驚きですね。

性教育のひとつとしてマスターベーションを推奨している国もある

日本では文科省の取り決めで、学校教育でセックスについて具体的に教えてはいけないことになっていますが、マスターベーション（オナニー）は世界では性教育のひとつとして推奨されています。この点ひとつとってみても、日本は性的なものに対する後進国と言わざるをえません。

それと、「マスターベーションをしすぎると病気になる」などと言われることがありますが、医学的な根拠はまったくありません。マスターベーションが体に害を及ぼすという幻想が、マスターベーションが体によいという発見を一般に浸透させることを妨げてきたのでしょう。

体によいことの一例として、マスターベーションをすることによって「うつ病」の症状が緩和され、自尊心が高まることが確かめられています。

マスターベーションは心身にとって「いいことだらけ」

年をとってくると性的な能力も弱くなって、うまく女性と合わせることができなくなってきますから、射精さえすれば私はマスターベーションでもいいと思っています。

マスターベーションをすることで筋肉低下も防げ、男性ホルモン（テストステロン）も増えて元気になり、社交性も高まって人付き合いもよくなり、意欲的になるなど「いいことだらけ」です。

マスターベーションというのは、要介護高齢者を減らすという点では、大袈裟にいえば、国を救うことにもなると私は思っています。

70年をすぎた患者の方から、「まだマスターベーションが止められない。自分は病気ではないか」といった質問を受けたことがあります。

「病気なんて、とんでもない。いたって健康です」と、お答えしました。

性的能力が保たれるためにはマスターベーションは非常に大事なものですから、年をとってマスターベーションがまだできるということを、もっと喜んでいいと思います。「性的に若い＝実際に若い」ということですから、むしろ高齢者にはおすすめしたい行為と思っています。

マスターベーションを恥ずかしがることはありません。

ただ、70歳とか80歳の高齢者が「俺はまだセックスができるんだ」と自慢しても、「俺はまだマスターベーションをしてるんだ」とは、なかなか言わないものです。やはりマスターベーションなるものが恥ずかしいものだという意識があるからでしょう。

日本も特にマチズモ（男性優位主義）というもののなかで、ある時期まで男が強かった時代は、女にいかにもてるかということが男たる者の値打ちのように思われていて、例えば「千人斬り」とかが自慢になっていました。そんな時代には、マスターベーションをしている奴はダメな奴、女にもてない奴という考えもあったかと思います。

マスターベーションはＥＤ（勃起不全）の予防につながる

マスターベーションはＥＤの予防になります。

理由はこうです。

加齢や生活習慣の乱れになどによって血液の流れが悪くなると、陰茎に血液が流れにくくなります。そうすると、どうしてもＥＤ（勃起不全）のリスクが高まってしまいます。

しょっちゅうマスターベーションを行っていれば血行がよくなります。

血行がよくなれば、酸素や栄養素が体じゅうに行き渡り、免疫細胞が活発にはたらきやすくなります。

また、勃起するだけでなく最後まで射精することで、精液を体外に出すための骨盤底筋を鍛えることができます。

特に、前立腺は加齢により異常をきたしやすい臓器で、前立腺に異常がおきると前立腺がんのリスクも高まります。

日常的な射精で、前立腺がんのリスクが減少するという研究結果がアメリカで出ているくらいですから、いかに射精が大切であるかがわかります。

健康のために射精はひんぱんにしたほうがいい、ということを覚えておいてほしいと思います。

その意味でも、性機能だけでなく身体機能を衰えさせないためにマスターベーションは不可欠といってもいいでしょう。

マスターベーションにはリラックス効果がある

自律神経の観点からいえば、勃起を司るのは副交感神経です。

副交感神経は血圧を下げたり、心拍数を低下させたり、筋肉を弛緩させたり、発汗を抑えたりなど、休息やリラックスするときにはたらく神経ですから、マスターベーションにはリラックス効果があることがわかります。

マスターベーションは、他人から干渉を受けないように一人になれる場所で行うのが一般的ですが、それを見てみたい・見せたいと思う人もいて、ポルノ動画（アダルトビデオ）ではひとつのジャンルとなっているそうです。

それに、ポルノ動画を見てマスターベーションすると確実に男性ホルモンが増えます。なので、日本はもっとポルノに寛容になってほしいと思っています。ポルノであれば別に不倫でもないし、性的搾取でもないですから、誰にも迷惑をかけませんしね。

以前、マスターベーションについて、50代のドイツ人の女性にインタビューをしている映像の中で「週に何度かしています。リラックスできるのでストレス解消にしています」と答えていたのを見たことがあります。

オーガズムに達すると、さまざまなホルモンの分泌や自律神経の作用などにより、幸福感で心身が満たされ、リラックスした状態になるからでしょう。

ちなみに、一般的にセックスを活発に行っている人はマスターベーションも活発であることがわかっています。

マスターベーションは生きることの喜びや安心感につながる

2013年のある調査によると、「この1カ月でマスターベーションを行った」と答えた男性は、40代、50代、60代でそれぞれ80％、69％、45％。いっぽう、女性は43％、23％、14％と答えています。

そして、「マスターベーションをする理由は？」の回答では、男性は圧倒的に「性欲の解消」が多く、女性は「性欲の解消」とほぼ同じ割合で、「やすらぎ」と答えた人がたくさんいました。

男性は「性欲の解消」のために行っている人が多いようですが、女性は性的な快楽だけでなく、体と心を労わるセルフケアの手段として取り入れている人が増えているように見受けられます。

実際、マスターベーションでオーガズムを得ると、大量のオキシトシンが分泌されて不安な気持ちや緊張が緩和され、ストレス解消につながります。

心身をリラックスさせる効果のあるセロトニンや、眠気と覚醒のリズムを整えるメラトニンも分泌されます。

さらに、幸福感や気分の高揚、鎮痛効果のあるβエンドルフィンや、やる気が出るドーパミン、いわゆる脳内麻薬であるアナンダミドなども分泌されます。

このことから、マスターベーションは生きることの喜びや安心感につながる行為ともいえます。

オーストラリアでは保健局がマスターベーションを推奨している

ところで、オーストラリアのクイーンズランド州政府の保健局がマスターベーションを推奨しているというびっくりな話があります。

その保健局では、２０２１年11月４日に「健康アドバイス」として、次のような内容の投稿を公式ホームページで行っているのです。

「マスターベーションをしたり、オーガズムを得たりすることはエンドルフィンという快感と幸福感を生み出すホルモンを放出する。エンドルフィンはストレスに対する我々の反応を制御し、最終的には気分を改善し、我々を落ち着かせるはたらきをする」と。

そして、「自分自身に手を貸そう」という投稿の出だしには、手とウィンクの絵文字が付いていて、マスターベーションが健康にどういいのかを列挙したカラフルなインフォグラフィックも添えられています。

なんともはや、日本の現状と比べると隔世の感がありますね。

貝原益軒の有名な言葉「接して漏らさず」の誤解

ところで話は変わりますが、江戸時代の儒学者・貝原益軒の『養生訓』(1713年)に、「接して漏らさず」という有名な言葉があります。

この言葉を本などで見たり、人から聞いたりして、ご存じの方もいるかもしれませんね。

益軒さんがどういう意味でこんなことを言ったのかわかりませんが、精子はどんどん生産されているので「接して漏らさず」では体に悪いはずです。

このことについては何か変な解釈がされていて、セックスをしても、あるいはマスターベーションをしても射精はしないほうが、テストステロン（男性ホルモン）が増えるという考えです。

つまり、興奮だけして出さないのがいいんだという理論ですが、私は、それは本当だとは思っていません。なぜって、私は出せば出すほどテストステロンは増えると思っているからです。

それに精子を長くためておくと精液の濃度が高くなっていくので、射精したほうが精子の質がよくなりますから、理想的にはセックスの回数とかマスターベーションの回数とかを増やすとよいと思います。

「射精しすぎると頭が悪くなる、禿げやすくなる、ニキビができると」といった説がありますが、長年、男性の性機能障害や不妊症に携わってこられた永井敦川崎医科大学教授は「全くのデマだ」と話しています。

なお、益軒は70歳まで黒田藩に勤め、退任して死ぬまでの間にさまざまな本を著しました。彼の著作の大半は70歳以降のものです。

今や「人生100年」とされる時代ですが、益軒が生きた江戸時代の日本人の平均寿命は、その半分にも満たない40年を下回っていました。そんな時代に益軒は84歳まで生き、最期まで認知症や寝たきりになることなく生涯を全うしたのでした。驚くことに『養生訓』は亡くなる前年の83歳のときに書いたものだそうです。そのおかげで、現代では医学的根拠のない多くの訓戒がいまでも信じられているのでしょう。

熟年こそ積極的にオナニーを！　すればするほど健康になる

「熟年こそ週4回はオナニーをすべし」

こうおっしゃっているのは、先ほどご紹介した「人生最高のセックスは？」という調査を行った富永喜代医師です。

オナニーは性的快楽だけでなく、性機能維持のためのトレーニングであると考えている富永医師は、患者さんに「何もせずにペニスを放置しておいたら、陰茎海綿体は線維化してしまうのだから、オナニーは機能訓練、リハビリよ！　今日からガンガンやってください」と、はっぱをかけています。

ハーバード大学の公衆衛生大学院が男性医療従事者約3万人を対象に行った調査では、月に21回以上射精する人は、月に4～7回の人に比べて前立腺がんになるリスクが約2割低下することが明らかになっています。

さらに、毎日射精することでDNAの損傷量が減少し、男性の精子の質が向上することが、ヨーロッパ生殖医学会の研究でも証明されました。

オナニーは〝いいことづくめ〟というわけです。

今やマスターベーションは「やってはいけない」から「やらなきゃいけない」に

東京大学大学院人文社会系研究科の赤川学教授のお話によると、オナニーに対する考え方は、この30年くらいでコロッと変わり、今や性教育とか性科学の世界では「やらなきゃいけない」という意識になっているそうです。

つまり、オナニーをやらないと将来の性生活に不安があるみたいな、そんな位置づけになっているとか。

また、赤川教授は『なぜオナニーはうしろめたいのか』というご著書の中で、次のように言っています。

「現代の私たちが当然視している性情報や性の〝常識〟は、数十年単位で大きく変化する。現在、私たちを取り巻く性情報が絶対に正しいとは限らないし、そうした知＝痴の大転換は何度も生じるかもしれないのだ。１００年後の人類に、笑われないように、自戒したいものである」と。

赤川教授のおっしゃるとおりだと思います。

これからも生じる可能性のある「知＝痴の大転換」についていけるように、柔軟なアタマを持ち続けたいですね。

第7章　ＥＤ治療薬と正しい服用の仕方

EDになる原因はさまざま　別の病気が隠れていることも

勃起不全（または勃起障害）は、英語でＥｒｅｃｔｉｌｅ Ｄｙｓｆｕｎｃｔｉｏｎといい、その頭文字をとってＥＤと呼んでいます。

以前はインポテンスと呼ばれていましたが、インポテンスという語に差別的な響きがあることから勃起不全（ＥＤ）と呼ばれるようになりました。

そもそも勃起とは、ペニスを構成する海綿体の筋肉と血管が緩み、そこに大量の血液が流れ込むことで起こる生理現象です。

これが何らかの原因で妨げられ、性行為において十分な勃起が得られない、または維持できないために満足な性行為を行なえなくなったりするのがＥＤです。

ＥＤの人は、日本では約１０００万人以上いると推計されており、約30％の夫婦が「ＥＤの経験がある」と回答しています。

ところで、なぜＥＤになるのか？

原因はさまざまですが、加齢の影響が大きいです。

もちろん、若い人でも発症しないわけではありません。仕事のストレスや病気の影響などによって、若くても心因性の勃起不全を発症することはあります。

その他にも高血圧、糖尿病、脂質異常症、肥満、ストレス、うつ病、前立腺肥大症、慢性腎臓病、睡眠時無呼吸症候群、神経疾患、心疾患、さらには服用中の薬の副作用など、さまざまなことが原因となって発症することがあります。

これらの原因は大きく４つのタイプに分けることができます。

●心因性……主に仕事の悩みや心配事などのストレスによって交感神経が活性化し、興奮や緊張が持続することで勃起しにくくなる。原因の約８割を占める。

●器質性……血管性の障害、神経の障害が原因。勃起にかかわる神経や血管、ホルモン分泌などの異常や病気の影響により勃起しにくくなる。

●混在型……心因性と器質性が混在していると認められる。ＥＤの症例の多くは、この混在型と言われている。

その他、薬の影響や原因不明など、この4つには当てはまらないものもあります。

EDの主な症状としては、下記のものがあります。

・勃起するまでに時間がかかる
・勃起の持続時間が短い
・性交渉の途中で萎えてしまう
・日によって勃起しないこともある

代表的なED治療薬はバイアグラ、レビトラ、シアリスの3種類

1999年3月から日本でもバイアグラの処方が可能となり、EDの治療は大きく変わりました。

現在、厚生労働省に承認されているED治療薬は、バイアグラ、レビトラ、シアリスの3種類だけです。

三つともジェネリック（後発品）が正式に認可されており、バイアグラのジェネリックは「シルデナフィル」、レビトラのジェネリックは「バルデナフィル」、シアリスのジェネリックは「タダラフィル」です。

その後、レビトラ、シアリス、バイアグラなどと同じはたらきをもつ「ＰＤＥ5阻害薬」がいくつか登場し、勃起が難しくなった多くの男性が恩恵を受けています。

特に軽度から中等度までのＥＤで効果が出る人の割合は高く、加齢に伴う軽度のＥＤに悩む男性にとっては、大変ありがたいものになっています。

「バイアグラ」

世界で最初に開発されたＥＤ治療薬で、世界中でもっとも広く利用されており、安全性や有効性への信頼も高い。服用後15分ほどで効果が出はじめ、４時間ほど持続します。

ただ、レビトラ、シアリスに比べて副作用が多いとか、薬の効いている時間が短いなどの欠点もあります。

バイアグラは、本来、夫婦の性生活を復活させるために作った薬でしたが、日本では普及しませんでした。高齢者が使っても害はありませんが、レビトラやシアリスのほうがより害が少ないし、前立腺肥大も改善しやすいようです。

バイアグラが3〜4時間しか効かないうえに、急に血圧を下げるとまずいということで、マイルドに効くシアリスとかレビトラが使われるようになりました。

〈服用のしかた〉

バイアグラは食事の影響を受けやすいので、食後に服用すると効果が出にくいばあいもあります。空腹時に服用するか、食後なら2時間は空けてから服用するとよいでしょう。

「レビトラ」

バイアグラの次に開発された世界で2番目のED治療薬です。

効果や服用のタイミングはバイアグラとほぼ変わりませんが、バイアグラの欠点ともいえる「食事の影響」が改善され、食事の前後で服用しても薬の効果に影響を与えにくくなっています。

特徴としては、他のどの薬より硬く勃起することです。ただし、硬くなりすぎ感度が鈍る方もいます。

そして、もう一つの特徴は即効性です。多くのばあい、服用後15分から30分ぐらいで効果が現れます。ちなみに、バイアグラは効いてくるのに30分から1時間、シアリスは1時間ぐらいかかります。


〈服用のしかた〉

バイアグラ同様、食後に服用するばあいは2時間くらい空けるとよいでしょう。

なお、レビトラは医療用医薬品であるため、薬局やドラッグストアでは市販されていないので医療機関で医師の診察を受け、処方してもらう必要があります。


「シアリス」

最大の特徴は、効果が36時間程度持続することです。

もう一つの特徴は、バイアグラやレビトラに比べて副作用が少ない点です。

現在ヨーロッパと南米のＥＤ治療薬市場では、シアリスがシェア第1位となっています。

治療薬としてだけでなく、血管機能を向上させる薬としての効果も期待されています。

〈服用のしかた〉

シアリスは食事の影響を受けないので、気にしないで服用していただいて大丈夫です。

シアリスなどは2日に1回飲むと血管が柔らかい状態が保たれると言われています。

●ＥＤ治療薬の選び方のポイント

・知名度の高さと安さを重視するならバイアグラ

・勃起力の強さと即効性ならレビトラ

・持続時間と副作用の少なさならシアリス

ＥＤ治療薬として開発された「ＰＤＥ５阻害薬」という画期的な薬

ＥＤ治療薬というのはもともとどんな薬かというと、脈拍を落としたり、心臓のはたらきをやわらげたり、尿をたくさん出させたりとか、体に無理なかたちで血圧を下げるものが多く、あまり賛同できないメカニズムのものが多いのです。

そのため高齢者にとって心臓のはたらきをさらに落とすか、低ナトリウム血症の原因になるとかの悪影響がありましたが、ＥＤ治療薬として開発されたＰＤＥ５阻害薬は、これまでの治療薬としては画期的にちがっていました。

これまでの血圧の薬は血管を柔らかくすることで血圧を下げる薬でしたから、肺に行く動脈が硬いせいで起る肺高血圧がなかなかよくならないと言われていましたが、ＰＤＥ５阻害薬はそれをよくするはたらきがあるのです。

それと血圧の薬というのは、普通、上の血圧は下げてくれますが、下の血圧はあまり下げてくれないのです。

下の血圧というのは動脈硬化によって起こるのですが、ＰＤＥ５阻害薬は動脈硬化を改善する薬なので、血管が若返るため、それによって下の血圧も下がるのです。

そういう意味でもＰＤＥ５阻害薬は非常に画期的な薬として期待されて作られました。

ところが、その研究過程で副作用として勃起が起こるということがわかり、年をとった人たちの勃起を助けてくれるのではないかということで治療薬となったわけです。

アメリカのばあい、狭心症の人が多いからニトロ製剤をよく使うのですが、ニトロ製剤とこのＰＤＥ５阻害薬を併用するとガクンと血圧が下がるためにショックを起こす人がけっこう多いのです。そのため、このＰＤＥ５阻害薬は動脈硬化を改善する薬なのに心臓に悪い薬だと思われているのです。

たしかに急に血圧が下がることがあるので注意しなくてはなりませんが、それを除けばむしろいい薬なのです。

ＰＤＥ５阻害薬の処方には医師の診察が必要
性機能専門医のいる医療機関で受診を

なお、ＥＤの治療としては、カウンセリングに始まり、ＰＤＥ５阻害薬のほか、プロスタグランディンＥ１（ＰＧＥ１）海綿体注射、陰圧式勃起補助具（ＶＣＤ）、陰茎プロステーシスまで選択肢があります。

ＰＧＥ１海綿体注射は海綿体に直接はたらきかけて勃起を起こすため、血管に問題がなければ勃起を起こせます。

ＥＤ治療に関して日本は制度面で遅れており、海綿体注射は治療薬として認められていませんが、性機能専門医の責任のもとに、必要な患者さんには広く使われています。

ＰＤＥ５阻害薬は「処方せん薬品」のため市販されていません。処方には医師の診察が必要になります。

性機能の専門医がいる一部の医療機関以外では、処方しか行われていないので、近所の泌尿器科医を含めた医者に処方してもらい、うまくいかなかったら、性機能専門医のいる医療機関を訪れて受診するとよいでしょう。

なお、男性更年期の症状のある方は、うつの症状もあることが多く、昔からうつとＥＤは関連が深いと考えられてきました。

血液検査で男性ホルモン値が明らかに低いばあい、男性ホルモンを補充すると、倦怠感ややる気のなさなどのうつ症状が改善し、その結果、朝勃ちがよみがえり、ＥＤがなおる方もいます。

ＥＤ治療薬を使うのなら男性ホルモン補充療法を併用するとよい

マスターベーションでＥＤ治療薬を使いすぎるのは害ではないのですが、４章でご紹介した熊本悦明先生によると、バイアグラとかレビトラとかシアリスという薬は性欲を上げる薬ではないので、それだけを単独で使ったからといって性力が増すわけではないそうです。というわけで、それらは精力剤ではないので、使うときはそのつもりで使うようにとのことでした。

なお、熊本先生はバイアグラやシアリスを使うのなら男性ホルモン補充療法を併用したほうが、朝勃ちなどもしやすくなるので効果的だと言っておられます。

男性ホルモン補充療法を行っている病院は、まだ日本は少なく、限られていますが、一部、順天堂病院や千葉西総合病院のように、男性特有の不調や悩みを扱う「メンズヘルス外来」というのができているので、そういうところを訪ねてみるのもよいと思います。

基本的にはＥＤ治療薬と男性ホルモンを併用すると、より効力があると思います。

やはり性的興奮がないとセックスそのものが楽しくならないものです。

義務感でセックスをしているときに無理やりバイアグラを使うとかえってストレスになるかもしれません。

ＥＤ治療薬にも副作用はある　一時的なものなので心配しないでよい

ＥＤ治療薬というのは勃起に効果があるだけではなく、全身の血管を広げる薬ですから、それに伴う副作用が出るばあいがあります。

多いのは、ほてり、頭痛、鼻づまりなどです。

その他、動悸、めまい、目の充血や消化不良、胸焼けなどが報告されています。

副作用がもっとも出やすいのはバイアグラ、続いてレビトラ、もっとも少ないのはシアリスです。

個人差はありますが、副作用は軽度から中程度のばあいがほとんどです。薬の効果が消失すれば収まる一時的なものなので、それほど心配するにはおよびません。

ただ、インターネットなどで販売されている薬は偽物が多く、有害な物質が含まれている可能性があるので、泌尿器科を受診して本物（正規）のＥＤ治療薬を使用するようにしてください。

第8章　熟年からこそセックスライフを楽しもう

平均寿命や健康寿命の延びとともに「セックス寿命」も延びている

人類未踏の超高齢社会を迎え、男性は約81歳、女性は約88歳にまで平均寿命は延び続けています。

また、健康寿命も延び、今や男女ともに70年を過ぎても健康で生活することができているということですから、セックスができる期間も延びていると考えるのは自然なことです。

一般的に「年をとると性欲はなくなる」と考えられがちですが、実際には高齢になっても性欲があることがいろいろな調査でも明らかになっています。

「日本性科学会」という専門家の団体が、2014年に行った「中高年セクシュアリティ調査」によると、「この1年間に性交渉をしたいと思ったことは、どれぐらいありましたか」という質問に対して、

・配偶者のいる男性のばあい……60代の78%、70代の81%が、「よくあった」、または「と

きどきあった」「たまにあった」と回答。
・配偶者のいる女性のばあい……60代で42％、70代で33％が、「あった」と回答。
・60代から70代の単身者のばあい……男性で78％、女性で32％が、「あった」との回答があったと発表しています。
また、内閣府が行った「平成８年度 高齢者の健康に関する意識調査」によれば、全国の60歳以上の男女約３０００人のうち、半数近くが高齢者の恋愛や結婚について「良いことだと思う」という回答が寄せられています。

こうした調査結果をみても、年をとっても性にたいする関心が高いことがわかりますね。

男性は性行為への関心が高く 女性はスキンシップや精神的な愛情を求める傾向がある

さらに次のような興味深い調査もあります。

日本性科学会が40代～70代の約1000組の夫婦を対象に「どんな性関係が望ましいか」ということについてアンケート調査しました。その結果、男性で一番多かったのが「性交渉を伴う愛情関係」だったのに対して、女性の半数以上は「性交渉を持たない精神的な愛情やいたわりの関係」という回答でした。

女性のアンケート用紙の中には、「頭をなでてほしい。髪の毛に触れてほしい。性交渉をともなわない接触を望んでいる」（76歳）や「触れ合ったり、ハグし合ったりして、心のつながりや温かさを感じることで十分」（65歳）と書かれたものなどがあり、女性はセックスそのものよりも夫とのスキンシップを望んでいる人が多いことがわかりました。

その他、いろいろな調査から見えてきたのは、高齢者が望む性的関係として、男性は「性行為」への関心が高く、女性は性行為そのものよりも「スキンシップ」や「精神的な愛情やつながり」などを求める傾向にあることでした。

スキンシップとは、互いの身体や肌の一部を触れ合わせることにより親密感や帰属感を高め、一体感を共有しあう行為のことを言います。

つまり、年をとればとるほど性的な接触が大切になるということですが、日本人の高齢者の多くは、恥ずかしさもあってか、そういう「本音の話」を話題にしません。

仮に、そういうことを話している人がいると、「いい年をした男が・女が」とか「年甲斐もない」みたいに蔑まれる風潮さえあります。

性的な接触を否定たり忌むべきではありません。

いくつになっても刺激を求めて生きることは、ＱＯＬ（生活の質）の維持や生きがいにもつながる大切なことなのです。

スキンシップが不足！「スキンハンガーの慢性化」が起きている

私たちの体には肌と肌が触れ合うことで「オキシトシン」というホルモンが分泌されます。

オキシトシンは脳の視床下部から分泌されるホルモンで、集中力を高め、ポジティブになるなど幸福感が高まるため「幸せホルモン」とも言われているものです。

オキシトシンが分泌されると、心身ともにリラックスし、ストレスが軽減されます。

セックスの最中にも分泌され、互いに絆を強く感じるようなはたらきをします。

要するに、人は肌を触れ合わせることによって心が落ち着き、幸福を感じて精神的にも落ち着くことができます。

逆に、人とのスキンシップの機会が不足していると、不安や心配で心の落ち着きがなくなり、気持ちもネガティブな方向に進んでしまうということです。

このことは科学的にも証明されています。

じつは、コロナ禍で他者との関わりが制限されたため、人との触れ合いが十分にできず、いわゆる「スキンハンガー」を生じる人が急増しました。

スキンハンガー（ｓｋｉｎ ｈｕｎｇｅｒ）とは、「皮膚接触渇望」あるいは「肌のぬくもりへの飢餓」という意味です。

スキンハンガーが生じると、気分の落ち込みや不安に陥りやすくなり、孤独感を招き、最悪のばあい、孤独死といった事態にもなりかねません。

愛情とコミュニケーションを専門に研究しているアリゾナ大学のコリー・フロイド教授は、「周囲との正常な交流がないと脳は攻撃を受けていると判断し、過覚醒という緊張状態になる」と言っています。

日本人にはあまりスキンシップをする習慣がないとはいえ、やはり他者との関わりが制限されるとストレスになり、スキンハンガーを生じる原因になります。

コロナ禍でスキンハンガーという言葉が注目されるようになったことで、ＮＴＴが東京大学と共同研究を行い、新型コロナウイルス感染拡大時に、他者、動物、物など、「何かに触りたい」という日本人の欲求に変化が生じたことを発見しました。

この研究では、ソーシャルメディアに投稿された「○○を触りたい」「○○を触りたくない」というフレーズを含むテキストデータに着目しました。

そして、これらのテキストデータを解析し、新型コロナウイルス感染拡大時に、触りたい欲求の程度がどのように変化したかを調査しました。

その結果、人や動物など生物の肌のぬくもりを求める「スキンハンガーの慢性化」が起きていることや、ドアノブなどの物への接触を避けたいという欲求が強くなっていることを発見したのでした。

スキンハンガーが慢性化しているということは、不安や心配を抱いている人がたくさんいるということですから、大きな社会問題といえます。

NHKの【クローズアップ現代＋】で取り上げた「高齢者だってセックス『言えない』性の悩み」

NHKは【クローズアップ現代＋】（2017年5月18日放送）で、「高齢者だってセックス『言えない』性の悩み」というタイトルで、高齢者の性の悩みについて取り上げています。

番組の冒頭で、アダルトサイトを閲覧していた75歳の男性に偽の請求が届き、約5000万円をだましとられた事件（2017年4月）を紹介。

被害者の男性はモザイクをかけた映像で出演し、「恥ずかしくて家族には相談できず、要求されるままにズルズルと何回も金を払い込んでしまった」と話していました。

また番組では、60代を超えても性欲が衰えない男性たちの声をいくつか紹介していました。

例えば、「いまだに毎日のようにアダルトサイトを見ている自分がおぞましく、滑稽である」（70歳男性）とか「『エロ親父』といわれるのがシャク」（69歳男性）等々。

60代を超えても性欲が衰えないなんて、大いにけっこうと思うのですが、当人たちにとってはそれなりの苦悩があるようでした。

また番組では、「高齢男性のセックス」に特化して売り上げを伸ばしている「壮快Z」（マキノ出版刊）という雑誌を紹介していました。

マキノ出版というのは中高年向け健康情報誌が専門の出版社ですが、この「壮快Z」は2019年に創刊され、毎号5万部を出しているそうです。

ちなみに書名の「Z」は絶倫、絶頂、絶品などの意味を表すということで、漫画家のみうらじゅんさんに命名してもらったものだそうです。

さらに番組では、高齢者の性をオープンにとらえるケースとして、アメリカのニューヨーク市の老人ホームを取り上げていました。

「ヘブライ・ホーム（Ｈｅｂｒｅｗ Ｈｏｍｅ）」という名の施設ですが、ここでは入居者同士の恋愛を奨励し、「性表現ポリシー（ｓｅｘｕａｌ ｅｘｐｒｅｓｓｉｏｎ ｐｏｌｉｃｙ）」を掲げて高齢者が性生活を送る権利をさまざまな方法でサポートしています。

施設側は恋愛をしたい入居者には、出会い系サービスやダンスパーティなどを定期的に開催するなど積極的なサポートをしています。

そして、性感染症予防のために避妊具を配り、施設内で自由にセックスができるよう配慮していることを紹介していました。

健康で長生きするためにも
高齢者ほどセックスしたほうがいい

近年の海外の研究では、セックスをしている高齢者は死亡リスクが相対的に低く、長生きしやすいと報告しているものが多数あります。

つまり健康で長生きするためにも、高齢者ほどセックスはしたほうが良いという考えです。

ところが、日本はこんなに高齢化が進んでいるにもかかわらず、性的なものに関していえば、抑圧・抑制がきびしくて、いまだに旧態依然の意識から脱却できていません。

とりわけ高齢者の性はタブーのように扱われがちです。

そのことが日本をヨボヨボ老人の多い国にしている、といっても過言ではないと思います。

日本は欧米などとは性の意識があまりにも違いすぎます。

日本のばあい、性的なことに関心のある高齢男性に対して、「エロじじい」とか「スケべじじい」などと言って蔑む風潮があります。

男性にかぎらず女性も、**高齢者の性は最期まで人間らしく生きるという意味でも、とても大切**なことです。

人は高齢になればなるほど「性ホルモン」は「若々しさ」や「元気の秘訣」になります。

男が男でいたい、女が女でいたいという願望を吐き出したり、仲間内で社会通念上のルールやマナーを無視して本音をぶっつけあったりすることは、メンタルヘルスにとって非常に大切なことのように思えます。

性的な体験が老化予防や若返りのために非常に大切なことは医学的にも証明されています。その意味でも、高齢者がいつまでも性に対する意識をもつことは素晴らしいことです。

セックスは心と体の健康にいい 研究で明らかになったセックスと健康の関係

現代社会ではさまざまなかたちで「性の解放」が起きていくのと並行して、セックスや性欲について、より科学的なアプローチがなされるようになりました。

その過程で、セックスと心身の健康の関係、セックスと脳との関係も少しずつ明らかになってきています。

そして、マスターベーションも含めた性行為が健康と長寿に役立つことが、科学的にもすでに確かめられているのです。

まとめてみます。

・男性のばあい、射精回数が多いと前立腺がんにかかりにくい。

・男女ともに、定期的な性行為は安静時の心拍数や血圧を下げ、心血管疾患を予防する。

・男女ともに肥満防止、心拍反応の改善。男性ではテストステロン値の向上、女性では更年期の症状の緩和につながる。

「年をとったら枯れるのが美しい」なんていうのは大ウソ　セックスには幸福感や充実感を与える作用がある

女性が女性として、男性が男性としてあり続けるために確認し合うのがセックスという行為です。

性交渉のあるパートナーをもつことは精神的な安定にもつながり、更年期の情緒不安定やうつの予防にもつながります。

世にいわれる「年をとったら枯れるのが美しい」なんていうのは大ウソ。そんな意識は捨てて、男性も女性も「ときめくこと」が若さを保つための秘訣といえます。

セックスには心に幸福感や充実感を与える作用があります。

これは好きな芸能人などにときめいて得られる感情に似ています。

この感情の刺激がセックスの代わりとなり、女性らしさや若さを保つことになります。〝推し〟の芸能人ならネットやテレビで見るだけでなく、ライブや舞台に出向いて五感で感じるとより効果的です。

年をとるということは、子供も家からいなくなり、社会から離れて夫婦で顔を突き合わせているわけですが、そのときに奥さんあるいはご主人に魅力を感じたり、「この人といっしょに旅行に行きたい」とか「いっしょに美味しいものを食べに行きたい」などと思えるのでしたら夫婦を続ければいいし、思わないのであれば別れてパートナーを探す方がいいと思います。

65歳以上のイギリス人の約半数が「セックスが不足している」と感じている

イギリスＢＢＣニュースの２０１８年2月の報道によると、イギリスの慈善団体「インディペンデント・エイジ」が65歳以上のイギリス人２００２人を対象に調査。その結果、52％が、セックスが足りていない、つまりもっとセックスしたいと思っていることがわかりました。

さらに3割近くが、最初のデートでもセックスしてかまわないと思っていると回答。

また、75歳以上の人の10人に1人が、65歳になって以降、複数の性的パートナーがいたと回答しています。

同調査によると、65歳以上の6人に1人が、セックスしなくなるとしたら、その理由は「機会がないから」と回答。

過去10年間に交際をはじめた65歳以上の人の４人に１人が、相手とはオンラインで知り合ったと回答。

もうセックスは十分経験した、と答えたのは80歳以上の６人に１人だけでした。

この調査結果からも、イギリスの高齢者の方もセックスに対して積極的であることがわかりました。

セックスは認知症予防になる？ コベントリー大学とオックスフォード大学の研究

セックスは人生を豊かにしてくれるものですが、セックスが人の脳や老化に対してどのような影響を及ぼすのかはあまり知られていませんでした。

こうしたなか、高齢者の認知機能の衰えを食い止めるには、50代以降に定期的な性交渉をもつことによっても効果が期待できるという、最新の研究結果がイギリスのコベントリー大学とオックスフォード大学の研究チームによって発表されました。

同チームは「性交渉の頻度を増やすことが、認知機能を高めることにつながる可能性がある」という研究を発表し、そのなかで性交渉の回数を増やすことが精神の鋭敏さを全般的に向上させることを示唆しています。

50歳から83歳までの男性28人、女性45人を対象に認知機能のテストを実施し、そのなかで、どのくらいの頻度でセックスを行っているかを質問。男性の35％、女性の65％が毎月、性行為を行っているとの回答を得ました。

オックスフォード大学実験心理学部のネーレ・デメッツ氏は、「定期的な性行為を行う高齢の男女は、そうでない高齢者に比べ、認知機能が優れている傾向があることが実証された。年を重ねても男女が親密な関係を維持することついて、今回の研究結果は重要な示唆をもたらしている」と、述べています。

デメッツ氏らは、セックスのような身体活動によって、脳内の情報を伝達する化学物質であるドーパミンや、下垂体後葉から分泌されるホルモンで神経伝達に関わるオキシトシンなどの放出が増える可能性があると指摘しています。

また、コベントリー大学心理学研究センターのヘイリー・ライト氏は「多くの人は高齢者がセックスをするとは考えていない。社会レベルでこうした既成概念に挑戦し、50歳以上のセクシュアリティが健康やウェルビーイング全般にも影響することに配慮していく必要がある」と指摘しています。

なお、この研究は科学誌「老人学ジャーナル・シリーズB：心理社会科学」に発表されています。

高齢者のセックスが認知機能の向上に関係する！ アメリカの二つの大学の研究

アメリカのホープ大学とパデュー大学の研究者らが行った調査では、「高齢者のセックスが認知機能の向上に関連している可能性があることが判明した」と発表しています。

データの分析結果、少なくとも週に1回セックスをする75～90歳の高齢者は、過去1年間にセックスをしなかった高齢者と比較して、５年後により高い認知機能をもっている傾向がみられたといいます。

つまり、セックスの頻度が高齢者の認知機能を向上させる可能性があることを示唆しています。

また、62～74歳の比較的年齢層の低い高齢者のばあい、セックスと認知機能との関連は「セックスの質」に関連していることが判明。

この年齢層の高齢者は、「とても楽しく満足のいくセックス」をしたと回答したばあい、セックスを楽しまなかった高齢者と比較して５年後の認知機能が高かったといいます。

男性と女性はいずれもセックスの頻度と認知機能の関連を示していますが、男性ではセックスにおける身体的快楽が５年後の認知機能に関連していたのに対し、女性では同様の傾向がみられなかったとも報告しています。

研究チームは、「セックスの頻度が後の認知機能に影響を及ぼす理由」について、次のような仮説を挙げています。

●　セックスに伴う身体活動が心血管系の健康状態を改善し、結果的に脳への血流増加をもたらして認知機能を改善する。

●ストレスは記憶に関連する一部のニューロンの成長を妨げることが知られているが、セックスはこのストレスを軽減するため認知機能の改善につながる。

●セックスは記憶力に関連するドーパミンの放出を促すため認知機能を改善する。

第9章　精力アップの食べ物と運動

肉をもっと食べよう　肉は健康な体づくりには欠かせない

男性ホルモンの一種であるテストステロンの分泌は加齢とともに減少していくので、男性ホルモンを維持するためには、基本的に「たんぱく質」と「コレストロール」を十分にとる必要があります。

たんぱく質は20種類のアミノ酸から構成されています。

このうち9種類は「必須アミノ酸」と呼ばれ、人の体内では合成できないアミノ酸なので、必ず食事からとらなければなりません。

また、コレステロールは免疫細胞の材料でもあり、さらに男性にとって大切な男性ホルモンの材料なのです。そのためコレステロールが減るとホルモン分泌が低下して、ＥＤ（勃起不全）になってしまう人もいるくらいです。

肉はコレステロールを多く含んでいますから、肉をもっと食べましょう。

お肉をたくさん食べて、たんぱく質やアミノ酸を摂取することは、頭にも体にもよい影響をもたらします。

動物の肉のほうがコレステロールを多めに含んでいるので、魚より牛、豚、鶏などのほうがよいでしょう。

例えば、牛肉の赤身のもも肉は脂肪が少ないうえに、良質な動物性タンパク質を多く含むことから、ダイエット中の人や生活習慣病が気になる人にも最適です。ただしコレステロールが少ないという問題はあります。

さらに、エネルギーを生み出すビタミンＢ群や、吸収のいいヘム鉄、生殖機能を高める亜鉛なども豊富に含まれていますので、ＥＤ予防にもなります。ＥＤを改善するためにも食事の見直しが大切です。

それと、豚肉は肉類の中でも特にエネルギー代謝のためにはたらくビタミンＢ１が豊富に含まれていて、疲労回復やスタミナアップに効果的な食べ物として知られています。

豚肉１００グラムを食べるだけで、１日に必要なビタミンＢ１を摂取できるほどです。

また、必須アミノ酸をバランスよく含んだ良質なタンパク質もとることができますし、脳の活性化や神経の正常化に効くビタミンＢ12も多く含んでいます。

特に豚レバーは脂肪分が少ないうえに、抗酸化作用や生殖機能の改善に効くビタミンＥ

もたっぷり含まれていて、それこそ〝いいことづくめ〟のお肉なのです。

たんぱく質をしっかりとって幸せホルモン（セロトニン）の分泌を増やそう

たんぱく質は筋肉や肌や血管の材料にもなるので、たんぱく質が不足するとホルモン分泌が低下してしまいます。

ホルモンが不足すると、同じ量だけのたんぱく質をとって運動しても筋肉がつきにくくなります。また意欲も低下するので、その後の老化につながります。

たんぱく質が十分でなかった頃の日本人は、血管の材料不足のために脳卒中がやたらに多かったのですが、今は血圧が２００を超えても、まず血管は破れません。

また、たんぱく質は「幸せホルモン」といわれるセロトニンの正常な分泌にもつながります。

セロトニンが正常に分泌されていると意欲が高まり、不安が弱まり、前向きな日々を送ることができます。

しかし、セロトニンは年齢とともに少しずつ減少していきます。セロトニンが減るとうつっぽくなることは知られています。

うつ病予防のためにもセロトニンを増やしてくれるたんぱく質をしっかりとることです。セロトニンの材料は「トリプトファン」と呼ばれる必須アミノ酸です。

肉にはこのトリプトファンが多く含まれていますから、肉を積極的にとることでセロトニンの生成が促進され、やる気が出てきます。

ちなみに、トリプトファンを多く含む食材は、肉のほかにも魚や大豆製品、乳製品、バナナなどがあります。

なお、同じ「幸せホルモン」のオキシトシンですが、オキシトシンはスキンシップや感謝する気持ちなどによって分泌が増えるホルモンなので、これを食べれば分泌が増えるという特定の食べものはありません。

でも、食べ物では分泌が増えないとはいっても、いっしょにいて楽しい家族や仲間とおいしく食事をすると、オキシトシンの分泌が促されるということはあると思います。

日本の医学の根本的な欠陥は
コレストロールを悪玉視していること

日本の医学の根本的な欠陥というのは、いわゆる欧米から習った心筋梗塞を予防する医学ばかりが導入されて、コレストロールがすごく悪玉視されていることです。

ところが、コレストロールというのは、細胞膜、胆汁酸および男性・女性ホルモンの材料になるなど、大変重要な役割を担っているのです。

ですから、コレステロールが減ると男性ホルモンも女性ホルモンも減りやすくなってしまいます。

日本は基本的に、性的なことに対して不寛容である上に、コレストロールが悪玉視され、かつ痩せているほうが美しいという訳のわからない価値観があり、それによって日本の高齢女性たちが必要以上に老け込まされています。

検査の数値を見た医師から「コレステロール値が高いですね。薬を使って下げましょう」と言われる人がたくさんいます。

でも、はっきり申し上げておきます。

薬を飲む必要はありません。

特に高齢者のばあいは、薬を使ってコレステロール値を下げるのは、百害あって一利なしです。

もちろん、若い世代や脂質異常症などが原因である病気があるばあいは、話は別です。

しかし、ただ検査の数値を見て「値が高いから」というだけの理由で薬を使うのは、寿命を縮める行為とさえいえます。

「コレステロール値が高いままだと動脈硬化になりますよ」と医師から言われたとしましょう。

では、数値を薬で下げたら動脈硬化にならないのか？

じつは、そんなことはないのです。

なぜなら、動脈硬化のいちばんの原因は「加齢」だからです。

年をとれば、どんな人でも動脈硬化が進行します。

多くの人は50代、60代から少しずつ進みはじめ、70代では大半の人がかなり進行します。

さらに80代になると、ほぼ全員の動脈硬化が〝完成〟してしまいます。

どんなに規則正しく、健康にいいと言われる生活をしていても、加齢による進行は防ぎようがありません。

薬を飲んでも動脈硬化は止められません。

コレステロール値を下げることはできますが、動脈硬化は防げないのです。

それでも薬を飲みますか？

高齢のみなさんは考えるべきです。

私はよく、患者さんに「高齢になってから動脈硬化を心配して薬を飲むのは、年を取ってシワだらけの顔になってから『シワ予防の美容液』を塗るようなものですよ」とお話ししています。

我ながらわかりやすい「たとえ」だと思うのですが、はたして患者さんにはどのように受け止められたのか……。薬によって微妙な効果はあるかもしれませんが、おそらくそれほど変わらないでしょう。

高齢者のダイエットなどはもってのほか　痩せすぎは体に悪い

１９８０年代くらいから「心筋梗塞を減らすため」とか言って「肉を減らすように」と宣伝されはじめました。

でも、その頃、アメリカ人は1日に３００グラム食べていたのに、日本人は70グラムぐらいしか食べていなかったのです（今は１００グラムぐらい）。

それでも「減らせ、減らせ」と。だから日本はいまだに痩せすぎのモデルが追放されず、痩せているほうが美しいし、痩せているほうが健康だと思い込まされています。

欧米では年をとればとるほど、ふくよかな女性のほうがもてるようになります。

フランスでもイタリアでも痩せすぎのモデルは法律で追放されています。

痩せすぎが体に悪いことが明らかだからです。

日本でも特に若い人に多いのですが、拒食症（神経性やせ症）で毎年100人くらいの人が死んでいます。

拒食症になると、ごはんを全然食べようとしなくなり、どんどん痩せていきます。

治療で回復すればいいのですが、衰弱して死んでいく人が年に100人もいる現実に目を背けるわけにはいきません。

この間もテレビのモーニングショーで「体重が減る食べ方」という特集をやっていました。

年をとってからの痩せすぎはよくありません。

ちょっと小太りの人のほうが長生きするというデータもあります。

私は高齢者のダイエットなど、とんでもないと思っています。

高齢者がダイエットなんかしたら、頭にも体にも栄養が行き渡らなくなり、肉体的にも精神的にも老け込んでしまいます。

「牡蠣やニンニクは精がつく」は事実！亜鉛を多く含む食べ物を積極的に食べよう

亜鉛は海外では「セックスミネラル」とも呼ばれており、精液をつくったり、精子が活発に活動できるように促すはたらきをしています。そのため亜鉛が不足すると、性欲減退や勃起障害を起こす可能性があるといわれています。

また、亜鉛は老化の原因である活性酸素の除去にも効果が見込まれています。よく「牡蠣《かき》やニンニクは精がつく」と言われていますが、実際にその通りで、牡蠣やニンニクには亜鉛がたくさん含まれているので、体内に亜鉛が十分あると男性ホルモンも増えてくるのです。

特に亜鉛は、体内でつくることができない必須微量ミネラルで、体の成長と維持に必要な栄養素ですから、亜鉛を含むものを積極的にとってほしいと思います。

亜鉛を多く含む食品としては、牡蠣やニンニクのほかに、牛肉、豚肉、卵、ウナギ、ラム肉、カニ、高野豆腐、納豆、煮干しなどがあります。

安価で手に取りやすい卵は日常の食生活には欠かせない食べ物ですが、卵白には骨を丈夫するビタミンDや生殖機能の向上に役立つビタミンE、亜鉛などが含まれています。また、黄身には脳や神経などをつくる重要な「リン脂質」が大豆の3倍近くも含まれています。

卵は、昔は「コレステロールの高い食品の代表格」でしたが、ここ20年くらいの研究で黄身にコレステロールを下げるレシチンという物質も含まれているので、毎日3～5個食べ続けてもコレステロールは高くならないという結果も得られています。

卵自体、1個約100キロカロリーありますから、複数個食べると一日の摂取カロリーが十分に増えるので、その意味でも理想的な食材です。

女性におすすめしたいレバーやナッツ類鉄分とビタミンが多く含まれている

レバーやナッツ類は鉄分とビタミンを多く含んでいることから、貧血予防に最適な食べ物として知られています。

鉄分は疲れにくい体を作り、ホルモンバランスを整える効果もあります。

また、レバーやナッツ類は末梢神経の正常化などにはたらくビタミンB12も多く含んでいるほか、鉄や亜鉛などのミネラル、疲労回復や動脈硬化の予防効果のあるタウリンも豊富ですから、女性だけでなく男性の性機能にとっても有効な食べ物です。

特にナッツ類には、生殖機能を高める作用のあるビタミンEが豊富に含まれています。

中でもアーモンドはビタミンEの含有量が飛びぬけて多いのです。

他にも、悪玉コレステロールを減らして動脈硬化を防ぐ「オレイン酸」や「リノール酸」などの不飽和脂肪酸、またカリウム・鉄分などのミネラルも豊富に含まれています。

我慢しないで好きなものを食べよう　そのほうが免疫力が高まる

健康維持や精力アップに有効な食べ物をいろいろご紹介しましたが、高齢者のばあい、基本的には食べたいものは食べてかまいません。

健康に悪いから「あれはダメ、これはダメ」と言われて我慢しているほうがストレスになり、かえって体によくありません。

食べたいものを食べたほうが健康でいられるのです。

私のように塩分の高いものを食べたり、毎日ワインを飲む人に対して、多くの医者は、「このままでは長生きできない」と言いますが、そんなことは、実際には誰にもわからないことです。

人の体質はそれぞれですから、今の我慢が必ず報われるとは限りません。

無理な我慢をせず、幸せに生きて、免疫力が高い人のほうが、結果的に長生きするというケースはいくらでもあります。

将来の幸せを考えても、それがどうなるかは誰にもわかりません。ですが、いま目の前にある「食べたいもの」、「飲みたいもの」、「やりたいこと」を我慢せずに楽しむ幸せは確実にあります。

我慢しないで「いい思い」をすることの積み重ねが幸せホルモンを生み出し、自分の人生を楽しく、豊かなものにしてくれるのです。

人間も含めて、動物は飢えていると交感神経が優位になって、イライラしたり気分が落ち込んだりします。

逆に、お腹が満たされると気持ちが落ち着いて、リラックスモードに入ることができます。

テレビやネットなどには、糖質制限や脂質制限などの健康情報が氾濫していますが、イライラせずに心を安定させて毎日を送るためには、食べたいものを食べるのがいちばんです。

食べることが悪いのではなく、問題は偏った食事による「栄養不足」です。

極端なダイエットによってブドウ糖やたんぱく質が不足すると、イライラの原因になります。

また、日常的な過食は肥満のもとですが、「少し太めの人はイライラしにくい」というのはイメージの問題ではなく、理屈にかなっていて、好きなものを食べて楽しく過ごしていたほうが免疫力を高めることにもなるのです。

高齢者は「食べすぎ」より「食べなさすぎ」に注意！

高齢になると、気力の落ち込みや意欲の低下が進む傾向にあります。

その理由の一つは、たんぱく質不足だと私は考えています。

高齢になるほど、コレステロールや塩分が気になり、さっぱりしたものや粗食に切り替える方も多いと思います。

けれども、年齢を重ねた方は、時には食べたいものを満足に食べるほうが脳にも体にも栄養が行き届き、生活や人生の質も上がると思います。

筋力や免疫力の面から言っても、高齢者のほとんどの方が、食べすぎより食べなさすぎに注意すべきだと思います。

多くの人にとって、食は人生における重要な楽しみの一つです。

その要素を極端に削ってしまうことは、生きる喜びが失われてしまうということになります。

また、例えば肉や甘いものなど、何かを「食べたい」と思うのは、いま脳や体が特定の栄養素を欲しているサインだと考えられます。

そういった体からのメッセージに応えることは、健やかな人生につながっていくと思います。

幸せな気持ち、わくわくする気持ちによって、脳内にドーパミンという幸せ物質の分泌量が増えます。

これが前頭葉の活性化を促し、思考力や意欲を高めるのです。

時には自分の内側からの声に耳を傾けて、好きなものを食べ、脳と心を喜ばせるとともに人生の満足度を上げることは、とても重要だと思うのです。

高齢になったら「引き算医療」をやめて「足し算医療にしよう」――これが私の提案です

元気に60代を過ごしてきたとしても、70代になると、さすがに体のあちこちに異常を感じるようになります。

そこで検査を受けてみると、血圧が高い、血糖値が高い、コレステロール値が高いなどと医者に言われ、あれやこれやの薬が出されて、それらの高い数値を「正常値」まで下げる、いわば〝引き算〟の治療をされることになります。

私は、それにはいささか異論があって、「年をとったら引き算医療をやめて、足し算医療にしよう」という提案をしています。

どういうことかというと、「塩分の取りすぎはダメだ」とか、「糖質のとり過ぎはよくない」とか、「血糖値が高ければ下げましょう」「血圧が高ければ下げましょう」「コレステロールが高ければ下げましょう」などと言われますが、私はこれを「引き算の治療」と呼んでいるわけです。

高齢者の医療をずっとやってきた私の経験から言わせてもらうと、血圧や血糖値がやや高めのほうが元気だし、コレステロールは高めの人のほうがむしろ長生きしています。

そのほうが癌にもなりにくいことが、ある種の疫学調査で、すでにわかっているのです。

なぜかといえば、年をとればとるほど、「あり余っている害」より「足りない害」のほうが大きくなるからです。

つまり、血圧を下げすぎると（足りなくすると）頭がふらふらする。そうすると転んで骨折して、そのまま寝たきりになる恐れもある。

血糖値とかナトリウム（塩分）を下げすぎて（足りなくして）しまうと、意識障害を起こして頭がもうろうとしてくる。

つまり「足りなくなった」ための害が高齢者の交通事故の大きな原因になっていると思うのです。

食事に気を付けながら適度に運動することも大切 いちばんのおすすめは「散歩」

高齢者にいちばんおすすめしたい運動は「歩くこと」です。歩くことは足の老化予防だけでなく、心臓のポンプ機能も強化してくれます。

すると、脳や体の隅々の細胞にも十分な量の血液を送ることができます。

コロナ禍で、まったく外出をしなくなった高齢の患者さんが何人かいますが、その人たちは体の衰えが止まらず、現在はボロボロといっていいほどの状態になっています。

それほどに、毎日の散歩習慣があるかないかは生きる力に大きく影響します。

ただ、「毎日一万歩めざそう！」などとがんばりすぎる必要はありません。

私のばあいは、最低一日３０００歩程度を目安に散歩するようにしています。

体のためにと無理に激しい運動をするのは、活性酸素を過剰に発生させ、細胞の損傷を引き起こす可能性があるのでおすすめしません。

ご自分の体調や状況に応じて続けることが大切です。

ゆったりとした気分でお散歩するのが高齢者には最適だと思います。必要なら、杖や歩行器を使って散歩するのもよいと思います。

外に出て日光を浴びるとセロトニンが分泌されます。

セロトニンが分泌されると気持ちが明るくなり心が安定します。すると頭の回転もよくなっていきます。

どうしても部屋から出られない日は、できるだけ窓を開けて日光を浴びるように意識するといいでしょう。

日光を浴びてセロトニンが分泌されると、夜にはセロトニンから「睡眠ホルモン」と呼ばれる「メラトニン」がつくられます。

高齢になると眠りが浅くなり、朝早く目がさめて不眠が続くという人が増えていますが、これはメラトニンの減少が原因です。

セロトニンが増えるとメラトニンが補充され、よく眠れるようになるのです。

屋外で散歩をして日光を浴びるだけで、筋力がつき、心が安定し、夜もよく眠れるようになりますから一石三鳥です。

テストステロンを増やす運動は「スクワット」や「腕立て伏せ」がいい

女性も男性も、たしかに運動をしている人のほうが男性ホルモン（テストステロン）も増えて、精力も高まるようです。

テストステロンが不足すると、女性も男性も、性欲や活力の低下、肥満、血糖値やコレステロール値の上昇、うつ状態の気分不調など、さまざまな症状が現れます。

テストステロンを増やす運動としては「スクワット」や「腕立て伏せ」「ダンベル運動」「階段上り下り」「早歩き」などが有効です。

例えば、スクワットを3～4週間続けて行うことで、テストステロンレベルがその後も高いまま推移したという報告もあります。

ただ、この効果には男女で差があり、男性では効果が高いものの女性では相対的にテストステロン値の上昇は低く、その効果も短期間で終わるようです。

なお、ウォーキングやランニングや水泳といった有酸素運動にはテストステロンを増やすはたらきはありませんが、肥満を防ぐ効果が期待できます。

極度の肥満になると体内のテストステロン量が減少するため、筋トレと同時に簡単な有酸素運動を取り入れてみるとよいでしょう。

第10章　なぜ日本は「セックスレス大国」か？

日本人が1年間にするセックスの回数は世界最下位 1位はギリシャ

セックスレスとは「日本性科学会」によれば、「病気など特別な事情がないのに、1カ月以上性交渉がなく、長期にわたることが予想されるカップル」と定義されています。

一般的には、パートナーがいるのにセックスをしない、またはできない状態が半年以上続くばあいが、セックスレスのひとつの目安と言われています。

イギリスのコンドームメーカーのデュレックス社が、2005年に世界41か国31万人に「1年間に行うセックスの回数」を調査した結果、日本人の回数は45回で世界最下位でした。ちなみに、1位はギリシャの138回で、世界平均は103回でした。

また、「セックスライフに満足しているか?」という質問に対しても、日本人は24%で、最下位の中国の22%に次ぐ低さでした。

ある製薬会社が「30～60代」の日本人夫婦を対象に行った別の調査でも、年間平均性交回数は17回と、さらに少ない結果が出ています。

また、一般社団法人「日本家族計画協会」が、避妊具や育児用品などを製造するジェクスという会社の依頼で、全国20～69歳の男女約５０００人に行った調査では、「月に１回以上、セックスをしている」のは、男性では50代が30・７％、60代が21・０％、女性では同 20・５％、22・０％という結果でした。

２０１２年に「日本老年行動科学会セクシュアリティ研究会」が40～70代の男女１１６２人に実施した調査では、「過去1年間に夫婦間でセックスをした」という70代男性は31％、同じく70代女性は19％という結果でした。

セックスの回数が多ければ良いのかというとそうとは言いきれない

2016年に出版された『セックスレス時代の中高年「性」白書』に掲載された、関東圏在住の40〜79歳の男女に行ったセックスに関する調査結果があります。それによれば、「この1年まったくセックスをしていない」という女性は40代で30%、50代で53%、60代で66%、70代で76%。また、セックスの頻度が月1回未満という「セックスレス」の割合は40代で54%、50代で75%でした。

世代を問わず、日本人全体がセックスレスの風潮にあることは否めない事実です。ただ、セックスの回数が多ければよいのかというと、そうとは言いきれないようです。

というのは、ある研究では「週1回性交するカップルがもっとも幸せであり、幸せな関係には金銭よりも定期的な性交のほうが重要である」といった結果も出ているからです。

それと、実際に配偶者とセックスがなくても、あるいはセックスをしたいという欲求がなくても、親密なコミュニケーションが成立していて、性愛に対して良いイメージがあれば人生の満足度は高くなることがわかりました。

現在はセックスレスであるとしても、性愛にまつわる良い思い出や印象があるだけで満たされるというのは一つの発見です。配偶者を失う人も増えるなか、希望につながると思います。

日本の女性は義務感からセックスする人が多い？

ある調査によると、日本の女性（たぶん若い層だと思いますが）の約7割がセックスで快感をおぼえていないという結果が出ています。

これには男性にも責任があると思いますが、日本の多くの女性はセックスを一種の〝義務〟ととらえているというのが大きいようです。

それではセックスが本当に楽しいものだと思えません。

現在のセックスレスの原因を考えるときに、一つには、日本の女性は良い母親にならないといけないという意識が背景にあるような気がします。

そもそもセックスするために夫婦になっているのに、結婚したら母親化するというか、セックスレスになるきっかけの多くが、子供が生まれると子供の世話にかかりきりになって、夫としなくなることが多いようです。

ＮＨＫの「あさイチ」というモーニングショーでこの問題が特集され、大きな話題になったことがありました。子供が生まれてから妻に拒まれるようになったという男性が番組に登場していました。

また、子供がある程度大きくなってからもセックスすること自体、むしろ喜ばしいことなのに恥ずかしいことと思う人も多いようです。

住宅事情の違いもあるかもしれませんが、欧米などではある時間になったら子供は子供部屋に閉じ込めて、夫婦は夫婦の部屋で自分たちの時間を楽しむことが当たり前です。

セックスレスから個人的に脱却するためには、シチュエーションを変えるかパートナーを変えるしかありません。

例えば、奥さんと旅行に行って、いいホテルに泊まるとか、熟年離婚も念頭に置いて新しいパートナーと楽しむとか、シチュエーションを変える方法はいくらでもあると思います。

健康であれば60代でも70代でもセックスを楽しむことができる

セックスレス時代の中高年「性白書」（日本性科学会セクシュアリティ研究会）によれば、たしかに日本の夫婦のセックスの頻度は減少しています。しかし、70代でも2～3割はセックスをしており、そのうちの数パーセントの夫婦は週1回以上セックスをしているといいますから、健康であれば高齢でもセックスも可能であることがわかります。

アメリカのシカゴ大学で実施された、高齢者のセクシュアリティに関する調査でも、75歳以上でも4人に1人が性的に活発であることが明らかになっています（調査の詳細はNEJM誌2007年8月23日号に掲載）。

以前、私は68歳の女性からこんな相談を受けたことがあります。

彼女はご主人とずっと会話がなく、いわゆる家庭内離婚のような状態が長く続いていたそうです。そんななかカルチャースクールで出会った男性と親しくなり、その人と一緒になりたいので離婚に向けて一歩踏み出したいのだが、どうしたものでしょうか、というのです。

私は、「68歳という年齢で新たに恋愛ができるって素晴らしいことだと思いますよ。むしろ『気の合う人と出会えてよかったね』と祝福したいぐらいです」とお答えしました。

セックスレスの原因はさまざま「面倒くさい」が多い調査結果

「日本家族計画協会」が２０２３年9～10月に、無作為抽出した16～49歳の男女３０００人を対象に郵送やネットで実施した調査（有効回答率は26・６％）の結果、夫婦間の「セックスレス」は48・３％でした。

なんと、若い夫婦の半分がセックスレスで、２００４年の31・９％から増加傾向が続いていることがわかりました。

理由は、男性では「相手が応じてくれない」が最多の24・０％。「出産後なんとなく」

（14・7％）、「面倒くさい」（12・0％）の順でした。

いっぽう、女性は「面倒くさい」（22・6％）、「仕事で疲れている」（20・8％）、「妊娠中、出産後すぐだから」（13・2％）の順でした。

セックスレスの原因はさまざまで、ある調査では次のような回答がありました。

●「セックスレスのきっかけになった出来事」（複数回答）は男女ともに、

1位「家事や仕事などが忙しくて睡眠不足・体力不足」（28・3％）
2位「何となく」（25・7％）
3位「家族だと感じてしまい、セックスの対象ではなくなった」（24・7％）
4位「子供がいること」（19・4％）
5位「パートナーから誘われなくなったから」（18・0％）
6位「挿入時に痛みがある」（14・4％）
7位「もともとセックスが嫌い・興味がない」（13・4％）

8位「付き合いが長いから」(12・7%)
9位「セックスのマンネリ化」(12・0%)
10位「出産」(11・3%)

●セックスレスの原因について男性は、
1位「相手の性欲減退」(34・1%)
2位「仕事で疲れているから」(28・4%)
3位「自分の性欲減退」(25・31%)
4位「時間がない」(19・4%)
5位「相手の自分に対する感情の変化」(18・4%)
6位「相手に性的魅力を感じなくなった」(17・5%)

●セックスレスを改善したいと思わない200数名に対して、「なぜセックスレスを改善しなくても良いと思うのか?」と尋ねた調査では次のような回答を得ています。

1位「セックスをしなくてもパートナーの愛情を感じている」（49・8％）
2位「セックスに興味がない」（38・2％）
3位「性欲がない」（30・9％）
4位「パートナーに興味がない」（17・9％）
5位「家事や仕事が忙しいのでセックスをする余裕がない」（11・1％）

そもそも「セックスに興味がない」「性欲がない」と答えた人がこんなに多いのには驚きます。

これらのほかにも、糖尿病やうつ病や適応障害などの病気が原因のこともあるでしょう。若者に関して言えば、価値観の多様化で、他にも楽しいことがたくさんあるので面倒なセックスなんてしたくない。あるいは、バーチャル・リアリティの世界でしか人を愛せないという人が増えていることもセックスレスに拍車をかけているような気がします。

超高齢社会の時代を迎え、今後元気のない老人がますます増え、日本はヨボヨボ老人だらけの国になって、国力の低下も招きかねません。「たかがセックスの問題ではないか」

などと言っていられない、社会の大きな問題だと私は思っています。

日本人の未婚率は上昇の一途をたどり大きな社会問題となっている

セックスレスの問題を考えるとき、日本の未婚率の高さにも注目せざるをえません。

結婚して当たり前だった時代からは一変し、現在は生涯を独身で過ごす人が増えています。

以前は結婚して家庭をもつことが当たり前と考えられていましたが、現在ではその価値観が大きく変わり、必ずしも結婚する必要はない、結婚生活よりも個人の生活や価値観を大切にしたい、と考える人が増えています。

２０１５年に行われた国勢調査では、男性は30代前半で47・１％、30代後半で35％が独身。女性は同じく30代前半で34・６％、30代後半で23・９％が独身でした。女性よりも男性のほうが、総じて未婚率が高いのも特徴です。

また、国立社会保障・人口問題研究所の「人口統計資料集（２０２３）改訂版」によると、生涯未婚率は上昇しており、２０２０年には男性が約28％、女性が約18％と過去最高になっています。

生涯未婚率とは、45〜54歳までの人の未婚率を平均して50歳のときの未婚率を算出したものです。50歳のときに未婚の人は将来的にも未婚であると推定し、生涯未婚率の数値として用いられています。

２０１５年の調査をもとに計算すると、生涯未婚の男性が4.3人に１人であるのに対して、女性は7.1人に１人となっています。

このままの状態で未婚率が推移すると、２０３０年には男性の３人に１人、女性の４人に１人が生涯未婚者になると予測されています。

さらに、15歳以上の未婚率は、２０５０年には男性36・５％、女性27・１％へと上昇するとも言われています。セックスレスの問題と同じで、こちらも大きな社会問題と言わなければなりません。

今や日本人も3組に1組が離婚する時代
離婚原因のトップは「性格の不一致」

フランス人の多くは、「夫婦なのにセックスもなくなったら結婚している意味がない」と言っています。アメリカでは夫婦のどちらかがセックスを拒んだら、それが離婚成立の要件になっていたりします。

日本もそういう意識改革が必要なのに、誰もそういうことをしようとしません。

日本人は我慢する傾向が強いので、昔は離婚というのは「よほどのこと」でした。

しかし、今や日本人も「3組に1組は離婚する」と言われ、若い夫婦だけでなく長年連れ添った夫婦の離婚件数も増えています。

そして日本の離婚の特徴は、結婚して5年以内の夫婦や熟年離婚が多いことです。昔に比べて我慢しなくなった人が増えたようです。

総務省統計局「世界の統計2018」によると、日本人の離婚率は世界で10番目。トップはロシアで、２番目はアメリカです。

日本のばあい、離婚原因で特に多いのは「性格の不一致」です。

この「性格の不一致」という言葉には広い意味が含まれていて、例えば「価値観が合わない」「金銭感覚が合わない」「子供の教育方針が合わない」「家族の在り方の考え方が違う」などさまざまなものがあります。

男性側の理由は、「異性関係（浮気や不倫）」や「モラハラなど精神的な虐待」が多く、いっぽう、女性のばあいは、「夫が生活費を渡さないこと」や「モラハラなど精神的な虐待」が主な離婚原因になっています。

熟年ももう我慢しない！「熟年離婚」が増えてきた

内閣府の調査では２０１５年以降、離婚件数は毎年約20万件で推移し、離婚件数は婚姻件数の約３分の１となっています。

中高年でいえば、50代男性の13・３％は離婚経験があり、内訳として「現在は配偶者がいる人」が5.9％、「現在は独身の人」が7.4％でした。

60代の男性の12・9％は離婚経験があり、そのうち「現在は配偶者がいる人」が5.0％、「現在は独身の人」が7.8％でした。つまり、60代男性では離婚したまま独り身でいる人が多いという現状です。

一般的に20年以上連れ添った夫婦が離婚することを「熟年離婚」といいます。

厚生労働省が発表した令和2年度の人口動態統計によると、熟年離婚は昭和25（1959）年以降、上昇傾向にあります。

そして、令和2（2020）年には離婚した夫婦のうち、熟年離婚の割合が21・5％と過去最高となり、マスコミにも取り上げられて話題になりました。

熟年離婚する夫婦は「定年退職」を迎える年齢になっている方が多いようです。

定年後は、ご主人がそれまで仕事に出かけていた時間に家に居るようになり、毎日夫婦で過ごす時間が長くなります。

会話も少なくなり、奥さんにしてみたら家事の負担が増えて不満がたまってきます。

そうなると同じ空間にいるのがストレスとなり、〝離婚〟の二文字が脳裏をかすめるようになる。

熟年離婚の原因としてもっとも多いのも「性格の不一致」です。

ほかには「借金や浪費癖」など金銭的なこと、「浮気やＤＶ・モラハラ」「義両親の介護」「夫が家事や子育てに協力してくれない」「宗教観の違い」など。

熟年離婚のばあいも女性から願い出ることが多いようです。

【Q&A】

Q 女性の更年期はいつごろですか?

A 人によって個人差がありますが、女性ホルモンのエストロゲンが急激に減少する45～55歳にかけての時期が一般的のようです。更年期にはホルモンバランスがくずれたり、自律神経の調子が悪くなったりするために、いわゆる「更年期障害」というものが起こるわけです。更年期障害の治療としては、女性ホルモンを投与することが一般的になっています。

Q 女性は閉経後に意欲的になる人が多いと聞きましたが、なぜですか?

A ひとつには、閉経後に男性ホルモンが自然と増えるからだと考えられます。「元気ホルモン」とも言われる男性ホルモンが増えると意欲的になりますから、長寿の人でも男性より女性のほうが元気なばあいが多いようです。男性は逆に、年をとるにつれて男性ホルモンが低下していきます。

Q「濡れ落ち葉族」って、どういう人たちのことを言うのですか？

A 男性は年をとってホルモンが減ってくると、意欲も落ちてきて積極的に行動しなくなる人が多くなります。そのくせ、奥さんの買い物やちょっとした散歩にまでついてくるようになり、奥さんをうんざりさせます。こんなご主人たちのことを靴底にまとわりつく濡れた落ち葉に例えて「濡れ落ち葉族」と呼んでいます。

Q男性にも更年期があるのですか？

A 更年期というと女性のものと思われがちですが、男性にも更年期はあります。更年期は、男性ホルモン（テストステロン）の低下によって疲労や倦怠感、不安、不眠、イライラ、性欲の減退といった、いわゆる更年期特有の症状があるのですが、「歳のせいだろう」と思ったりして、本人も周囲の人もなかなか更年期障害とは気づかないことが多いようです。

Q 男性更年期障害（LOH症候群）は何歳くらいから起きます？

A 男性ホルモンの分泌量は10代前半から急激に増えはじめ、20代中頃をピークに30代前半頃から減少しますので、男性更年期障害は40代後半から見られます。最も多いのは50〜60代です。中には70〜80代で症状を訴える方もいます。

Q 男性ホルモンの補充は何歳頃からはじめたらよいですか？

A 時期は特に決まっていません。いつからでもはじめられます。一般的に40代から男性ホルモンが減る人が多いので、早い人では40歳くらいからやっている人もいます。熟年以降の方は早ければ早いほどよいと思います。

Q テストステロン（男性ホルモン）が不足すると、どんな変化が起きますか？

A 簡単に説明しますと、まず体の筋肉が柔らかくなり（筋力が落ちる）、脂肪と水分が多く浸透した状態になります。さらに、意欲や性欲が低下します。異性に関心がなくなるだけでなく、人そのものに関心がなくなり、人付き合いがおっくうになってきます。

そのほか、記憶力や判断力の低下にもつながることがわかってきました。

Q テストステロンを補充すると性欲が高まりますか？

A テストステロンの生理作用の中に、性衝動や性欲の亢進作用があることは確かめられていますが、人間の性欲にはテストステロンの分泌レベルだけでなく、内外のさまざまな要因が考えられます。そうした要因との関わりもあるので、テストステロンを補充するだけで性欲が高まるとは言いきれません。

Q テストステロン治療の副作用で前立腺がんになると聞いたことがありますが？

A テストステロン治療が前立腺がんのリスクを高めるとは、これまでのどのような研究でも証明されていません。ただ、まだ世の中で発見されていないがんが、テストステロンによって刺激を受けてしまう可能性は「ない」とは言いきれません。もともと足りない人に補充するものなので副作用の心配はいりません。それに副作用なるものが本当なのかというと、これもはっきりした統計調査がないのです。

Q 性交痛がひどくてセックスが苦痛です。（50代／女性）

A 女性の性交痛の原因の多くは膣の潤いの低下です。水溶性の膣潤滑ゼリーを用い、男性には潤滑ゼリーつきコンドームを使ってもらえば、潤いが補われて痛みがかなり和らぎます。水溶性の膣潤滑ゼリーや潤滑ゼリーつきコンドームは、一般薬局、通信販売、メーカーのホームページなどで購入できます。

Q 最近めっきり性欲が落ちてきました。原因がわからないのですが？（60代／男性）

A 性欲の低下も多くの要因と絡み合っているので、原因をひと言ではいえませんが、加齢とともに男性ホルモン（テストステロン）の分泌が低下するとセックスに関するさまざまな問題の原因となっていることは確かです。一度、病院の「メンズヘルス外来」を訪ねてテストステロン値を調べてもらい、著しく減少していたらホルモンを補充してもらうといいでしょう。

Q 射精ができにくくなっているのですが？（50代／男性）

A 原因はいろいろ考えられます。テストステロンが減ってきていることもありますし、動脈硬化が進んでいることもあるかと思います。対策としては亜鉛とビタミンDをセットで飲むと効果があります。

Q 人間は何歳くらいまでセックスができますか？

A セックスを行う年齢に限界はありません。個々人の健康状態、性的欲求、ライフスタイル、パートナーとの関係などによって異なりますが、健康であれば、80代の高齢になっても性行為を行うことは可能です。

Q 夜間の頻尿で困っています。（70代／男性・女性）

A 原因としては、過活動膀胱や水分の摂りすぎ、精神的ストレスや自律神経の乱れ、膀胱炎などが考えられますが、テストステロンが減少すると尿量を制御する抗利尿ホルモンの分泌も減少するため、夜間頻尿のリスクが高まります。

Q ある日、急に勃たなくなったのですが？（50代／男性）

A EDはさまざまな要因が複雑につながって生じた一つの状況なので、これが理由だと特定することはできませんが、男性ホルモンを補充すると復活する人もいますし、バイアグラやシアリスを飲むと復活する人もいます。

Q EDで悩んでいます。（60代／男性）

A EDの原因としては、加齢、糖尿病、肥満と運動不足、心血管疾患および高血圧、喫煙、テストステロン低下、慢性腎臓病と下部尿路症状、神経疾患、外傷および手術、心理的および精神疾患的要素、睡眠時無呼吸症候群など、さまざまな要因が考えられますます。また服用中の薬剤による副作用が原因でEDとなるばあいもあります。

Q マスターベーションをしすぎると病気になるって本当ですか？（60代／女性）

A マスターベーションのしすぎが体に害を及ぼすというのは幻想で、医学的な根拠はまったくありません。それどころか筋肉低下も防げ、男性ホルモンも増えて元気になり、意欲的になるので人付き合いもよくなるなど「いいことだらけ」です。また、男性も女性もマスターベーションをすることによって「うつ病」の症状が緩和され、自尊心が高まることが確かめられています。

Q ときどきマスターベーションをしていますが、どうしてもうしろめたい気持ちがぬぐえません。（50代／女性）

A マスターベーションをうしろめたく感じる必要はまったくありません。ストレス解消のほか安眠効果など、心と体にとってさまざまな良い効果がありますから、むしろひんぱんに行ったほうがよいくらいです。最近では女性向けのマスターベーション補助性具もたくさん出回っていて、ネットでも簡単に買うことができますから、そういうものを使うのもよいのではないでしょうか。

Q 有料老人ホーム内での恋愛の話を聞いたことがあります。どう思われますか？

A 高齢になっても恋愛することは自然なことですから、むしろ喜ばしいことではないでしょうか。というのは、恋をすることで気持ちが明るくなったり、身なりに気をつかうようになったりしますから、高齢者のばあい、脳への刺激が増えることで認知症が改善したり、身体機能が向上することもあるのです。好きな人と一緒にリハビリをがんばって身体機能が向上した、なんていう話も聞いたことがあります。

おわりに

本文の中で90歳の女性が「60代が（セックスが）いちばんよかった」と回顧していたという話をご紹介しましたが、富永喜代医師もご著書『女医が導く60歳からのセックス』の中で、「人生最高のセックスは『60』代に訪れる」と明言しているように、このことは医学的にも証明されています。

ただ、お二人は回数のことにはふれていませんでしたが、おそらく若い頃に比べて回数は減ってはいるけれども「質的に圧倒的に充実している（快感度が高い）」ということだろうと思います。

喩えとして適切かどうかわかりませんが、簡単に手に入る安価なワインは、それはそれで結構だけれども、ひんぱんには買えない高価なワインは芳醇で、ひと味もふた味もちがう格別なものということでしょうか。

女性が高齢になって性生活をより楽しめるようになるのは、妊娠の心配がなくなったとか、子供たちが独立して家を出ていった、というような外的要因よりも、性欲をアップする男性ホルモン（とくにテストステロン）の分泌が増えてきたことが大きいと思います。

逆に、男性は年とともに男性ホルモンが減ってきますから、「その気（セックスしたいという気持ち）」も落ちていくし、残念ながら体がついていかないという〝きびしい現実〟があります。

そこで本書では、老化を遅らせ、もっと元気で楽しく、いつまでも充実したセックスライフを維持できる方法があることをご紹介いたしました。

その方法が、いわゆる「ホルモン補充療法」です。

詳しいことは本文で述べましたので、ここでは省きますが、近年の研究で、男性ホルモン（とくにテストステロン）の減少に伴い、性欲だけではなく意欲全般が落ちることがわかってきました。

これは問題です。なぜなら単に性への関心が失われるだけではなく、人間そのものへの興味が薄れ、引きこもりがちになり、さらには判断力や記憶力などが鈍ってくるからです。

医者に診てもらうと、本当は男性ホルモンが足りないだけなのに、うつ病や若年性認知症と診断されて、多くの薬を処方され、いっそう生活意欲が低下してしまう男性も大勢いるようです。

本来ならば「男盛りの時期」を、このような状態で無為に過ごすのは実にもったいないことだと思います。

男性ホルモンを増やしてあげれば、まず意欲や性欲が高まります。

そして、記憶力や判断力もアップします。

QOL（生活の質）を高めてくれるにもかかわらず、ホルモン補充療法については、日本は欧米にくらべて3周くらい遅れていて、その距離はますます広がっているようにさえ感じます。

この国には今、政治家や医師、ジャーナリストはもちろん、一般の人たちもほとんど全員が、テストステロンが不足していると私は思ってます。

まずは、この本を読まれたあなたからテストステロンを増やしていただき、ご夫妻あるいはパートナーとの関係はもちろん、この国が元気で正しい方向へ向かうようにしっかり見守ってほしいと思います。
また、この本を通して、熟年からの健康にとってホルモンの補充の重要性をご理解いただき、若々しい身体とメンタルを長く持ち続けていただければ、著者としてこの上なく幸甚です。

令和7年3月　和田秀樹

【参考文献】

『80歳の壁』和田秀樹著／幻冬舎新書
『女80歳の壁』和田秀樹著／幻冬舎新書
『60歳から頭はどんどんよくなる』和田秀樹著／飛鳥新社
『60歳からはやりたい放題』和田秀樹著／扶桑社新書
『70歳が老化の分かれ道』和田秀樹著／詩想社新書
『医者にヨボヨボにされない47の心得　医療に賢くかかり、死ぬまで元気に生きる方法』
和田秀樹著／講談社+α新書
『オスの本懐』和田秀樹・池田清彦著／新潮新書
『最強の男性ホルモン「テストステロンの秘密」』クロード・ショーシャ博士　クロード・デール博士・共著、和田秀樹監訳・監修／ブックマン社
『女医が導く60歳からのセックス』富永喜代著／扶桑社

『エロスでよみとく万葉集 えろまん』大塚ひかり／著扶桑社
『老いを読む・老いを書く』酒井順子著／講談社現代新書
『オーガズム・パワー：真実の告白／ハイト・リポート』シェア・ハイト著、Ｓｈｅｒｅ Ｈｉｔｅ（原名）、石渡 利康（翻訳）／祥伝社黄金文庫

和田秀樹（わだ・ひでき）

1960年、大阪府生まれ。東京大学医学部卒業。精神科医。東京大学医学部附属病院精神神経科助手、米国カール・メニンガー精神医学校国際フェローを経て、現在、和田秀樹 こころと体のクリニック院長。高齢者専門の精神科医として、30年以上にわたって高齢者医療の現場に携わっている。ベストセラー『80歳の壁』（幻冬舎）、『70歳が老化の分かれ道』（詩想社）、『60歳からはやりたい放題』『90歳の幸福論』『60歳からはやりたい放題［実践編］』『医者という病』（扶桑社）など著書多数。

『熟年からの性』―若返りの秘訣おしえます

二〇二五年四月十五日　初版第一刷発行

著　者　和田秀樹
構　成　平盛サヨ子
装　丁　荒木未来
発行者　宮島正洋
発行所　株式会社アートデイズ
〒160-0007　東京都新宿区荒木町13―5
四谷テアールビル2F
電　話　（〇三）三三五三―二二九八
FAX　（〇三）三三五三―五八八七
http://www.artdays.co.jp
印刷所　大日本法令印刷株式会社